教育部人文社会科学重点研究基地基金资助项目
厦门大学宏观经济研究丛书
XIAMEN DAXUE HONGGUAN JINGJI YANJIU CONGSHU

厦门市经济高质量增长热点问题研究
——以深化供给侧结构改革为视角

Research on the Hot Issues of High-quality Economic Growth in Xiamen

朱若然／著

中国财经出版传媒集团

经济科学出版社
Economic Science Press

开篇心语

——写在“厦门大学宏观经济研究丛书”出版之际

● 李文溥 ●

“厦门大学宏观经济研究丛书”是体现教育部人文社会科学重点研究基地——厦门大学宏观经济研究中心研究成果的系列丛书。因此，说丛书，还要先谈厦门大学宏观经济研究中心。

众所周知，长期以来——而且至今仍然——我国宏观经济理论与政策的研究中心在北京，其中道理不言自明。可是，教育部却将其唯一一个命名为宏观经济研究的重点基地布点于地处天涯海角，置身政治经济旋涡之外的厦门大学①，似乎有一点不合情理。

当然，这首先是申请者的意愿：厦门大学经济学院五系一所：经济系、财政系、金融系、统计系、国际经济与贸易系、经济研究所，内含四个国家级重点学科：财政学、统计学、金融学和政治经济学。这些系所及其重点学科，研究的重点领域是政府经济管理实践及相关的经济学理论。在此基础上，申请建立一个研究政府宏观经济管理实践与理论的研究中心，就其本身而言，是一个合理的选择。尽管正如识者所言：政府的宏观经济管理与规范意义上的宏观经济学还有些差别，但是，在既有基础之上，通过组建这个中心，集中一支队伍，研究宏观经济理论及其在中国的政策实践，带动一个有85年悠久历史的学院向适应中国特色社会主义市场经济需要的现代经济学教育和研究体系的转轨，却是申请者的决心和期望。因此，尽管知道还有差距，需要付出的努力多多，仍然义无反顾地做出了这一选择。

现在需要谈另一个方面。对于教育部而言，将宏观经济研究中心设立在哪所大学，显然有着诸多选择的可能，然而，最终选择了看似未必具有地利人和的厦门大学。此刻，愚钝的我只能找出两点理由：

1. 申请者的虔诚之心感动了上帝。自古就有民心即天心之说，作为自始参

---

① 根据教育部人文社会科学重点研究基地的设立规则，尽管在全国各大学设立了百余家文科重点研究基地，但是任何一个重点研究基地的名称都是唯一的。

与这个中心的组建和教育部人文社科重点研究基地申报工作的我认为：厦门大学宏观经济研究中心的申报过程及结果可以作为此说的例证之一。

2. 审时度势，反弹琵琶。显然，在北京等政治经济中心设立宏观经济研究中心，可谓顺风顺水，研究者得以享受诸多便利，研究中心成功的概率自然也大，但是，在中国目前的政府主导型市场经济体制下，身处政治经济中心的研究机构不免受磁场中心的引力影响，也是不争的事实。在这种情况下，外地的研究机构或许因此在人所习见的劣势中显出了一点另类优势。网络时代，各种研究所需要的资讯在通都大邑和偏远小城大体都能同样获得，信息差距不断缩小，因此，尽管劣势还存在，要弥补，还要付出艰苦的努力，但是，在非政治经济中心，研究宏观经济理论与实践的条件，还是基本具备了。而且，远离磁力场，从学术逻辑角度阐发其观点的欲望可能更强，有可能因此形成不同的见解。这对于中国的宏观经济理论发展，以及政策实践而言，未始不是一件好事——这大概是教育部下此决心的依据之一吧。

说了这么多，还都是假说和愿望，到底实绩如何呢？一句老话：实践检验。我们的计划是：这套丛书分文集、专著、研究报告三类出版，以期能够比较全面地反映研究中心的学术活动及其成果。其中，文集与学术活动相联系，主要反映研究中心近期在宏观经济理论与应用方面的探索；专著是研究中心课题研究成果的系统体现；研究报告是在研究中心为社会经济重要决策提供咨询研究的成果中，选择部分兼具出版价值的刊行。我们的设想，得到经济科学出版社的大力支持，慨然提供了舞台，使构想转化为现实，在此先行谢过。

但是，我们最关注的还是真正的上帝——读者。众位读者既是看官又是判官。我们希望你们能关心这套丛书，并给予严格的指正。希望在你们的关心和帮助之下，厦门大学宏观经济研究中心能不负期望，为中国的宏观经济理论的形成与发展，为改善中国特色社会主义市场经济下的宏观经济政策调控略尽绵薄之力。

市场经济是买方市场，酒香不怕巷子深是过去时代的事了。如今的图书市场也是供大于求。开篇伊始，倾吐心语，以期引起注意，虽系未能免俗之举，也是人之常情流露。书有序，大体本意如此。然吾何能，敢为丛书作序！然而，要吸引读者，仅有心愿还是不成的，关键还要做好文章。至于文章是否精彩，就敬请列位指点了。

2006 年 6 月写于厦门大学白城

前　言*

2017年12月，中央经济工作会议强调我国经济已由高速增长阶段转向高质量发展阶段。会议明确，推动高质量发展是当前和今后一个时期确定发展思路、制定经济政策、实施宏观调控的根本要求。中央经济工作会议将高质量发展提高到新的高度，意味着高质量发展已经成为中国经济进入新时代的重要标志，而推动高质量发展应围绕供给侧结构性改革这条主线。高质量发展归根到底是民生导向，是为了解决人民群众日益增长的美好生活需要和不平衡不充分发展之间的矛盾，从而提升人民的幸福感和获得感。根本出路就是深化供给侧结构性改革，即通过改革促进创新，提高全要素生产率，通过创新向全球价值链高端迈进。

当前新常态下，厦门经济增长正面临阶段性转变，增长速度明显放缓，增长动力明显不足，推进供给侧结构性改革，是不断破解发展难题、厚植发展优势的根本路径。厦门供给侧结构性改革面临产业短板明显、要素资源供给制约日益突出、生产生活成本全面快速上升等突出问题。推进厦门供给侧结构性改革，必须着力“补短板”“加长板”，优化产业结构；着力打造国际一流营商环境，全方位多层面降低企业成本；着力深化改革，形成制度新供给和政策新供给，通过改善供给环境，增强供给动力，提升供给效率，优化供给结构。

结合厦门实际，厦门市政府提出在适度扩大总需求的同时，加快推进供给侧结构性改革，着力加快产业转型升级、优化供给结构，加快打造国际一流营商环

* 本书为教育部哲学社会科学研究重大课题攻关项目" 供给侧结构性改革的理论基础与政策思路研究"（16JZD016）的研究成果。

境、降低企业成本，提升城市发展系统性和协调性、补齐城市发展短板，通过优化要素配置，提高供给结构对需求变化的适应性和灵活性，提高全要素生产率，实现由低水平供需平衡向高水平供需平衡的跃升，更好满足广大人民群众的需要，培育形成经济发展新动力，为率先全面建成小康社会、争当全国“五大发展”示范市、建成美丽中国典范城市提供强大支撑，为建设机制活、产业优、百姓富、生态美的新福建做出新的更大贡献。

2016 年 6 月，《厦门市推进供给侧结构性改革总体方案》提出力争经过 3 ~ 5 年左右的努力，供给侧结构性改革取得重要进展，产业转型取得明显成效，城市发展的系统性、协调性、承载力和中心城市功能显著增强，供给结构对需求变化的适应性和灵活性显著提高，企业经营成本明显降低，企业生产经营环境显著改善，营商环境水平全国领先，与供给侧结构性改革相适应的产业、土地、金融、财税、环保、价格等政策体系逐步健全，长效机制进一步完善，要素资源配置效率明显提升，创新能力稳步提高，新的发展动能持续壮大，形成多层次、高质量的供给体系，在更高的水平上实现新的供需平衡。

厦门市当前的重点任务是：（1）加快产业转型升级，优化供给结构。具体思路：以创新驱动为引领，加快壮大优势产业，培育发展新兴产业，优化提升传统产业，构建以先进制造业和现代服务业为主导、战略性新兴产业为引领的产业体系，推动产业迈上中高端，不断提高产业规模和水平。梳理产业导向，明确各区（开发区）在全市产业体系中的任务，引导各区聚焦发展主导产业，避免重复建设，推动产业体系在各区（开发区）合理布局，实现具体措施。统筹基本农田划定和农民转产转业，加快设施农业、休闲农业、农业龙头企业发展，形成结构更加合理、保障更加有力的农产品有效供给。（2）打造国际一流营商环境，切实降低企业成本。对标新加坡等先进地区，着眼于打造国际化、法治化、便利化的营商环境，围绕市场宽松有序、政府高效透明、社会多元包容、开放便利可控、法治完善成熟、要素汇聚高效、设施完善便捷的目标，查找差距，补齐短板，以企业问题为导向，精准施策，进一步推进简政放权、优化服务，突出降低企业制度性交易成本、通关成本、财务成本、人工成本、物流成本、环保成本、用能成本等重点，打出降成本“组合拳”，提高企业获得感和满意度，提升企业、区域经济竞争力，努力将厦门打造成为“全国企业经营成本最低、营商环境最优的城市”。（3）增强城市的系统性协调性，补齐城市发展短板。以为民惠民为出发点，贯彻“统筹规划、规划统筹、创新机制、共同缔造”发展理念，围绕城市发展系统性和协调性，弥补交通、水、电、气等城市基础设施短板，增强城市承载力和辐射力，弥补教育、医疗、养老等基本公共服务供给短板，为跨岛发展提供有力保障，坚持政府主导与市场主体相结合，加大 PPP 模式推进力度，积极推进政府购买服务，创新公共产品、公共服务供给机制。

针对厦门市在深化供给侧结构改革，推动地方经济高质量增长过程中应关注的重点问题，本书对以下问题进行了研究：大都市圈建设的国际经验探讨及对厦门的启示；厦门市人口规模的历史演变及增长预测；发达国家产业结构演变与产业政策对厦门市的启示；厦门市教育问题研究；影响厦门市服务业发展的因素分析；厦门市会展业发展研究；促进 PPP 模式发展的财政政策研究及对厦门市的启示。本书通过以上问题的研究，为厦门市在深化供给侧结构改革，推动地方经济高质量增长过程中提供知识积累和政策建议。也可以为有关政府部门在制定政策时提供有价值的参考和借鉴。

在本书的写作过程中，得到厦门大学宏观经济研究中心李文博教授的悉心指导，在此表示衷心的感谢。我的先生和女儿对我的工作也给予了很多无条件的支持和帮助，在此表示深深的谢意。

朱若然

2018 年 3 月

目录

Contents

第1章 大都市圈建设的国际经验探讨

1.1 导言

大都市圈形成和发展的根本动因是对规模经济的追求。城市是人类居住、生产、管理等活动的集聚中心，城市在空间上的结构是人类社会经济活动在空间上的投影，它的形成和演化是居民、企业、政府追求规模经济行为在地域空间上的体现。从理论上讲，各个城市行为者追求规模经济的行为都是理性的，但若干个体理性行为经过多重叠加并最终反映在城市空间上，则有可能出现城市过度膨胀而导致交通拥挤、地价上升、环境污染等规模不经济的非理性后果。在这种情形下，城市必然通过扩散来重新获取规模经济效益，分散到一定程度后又走向新的集中。在这种集聚、扩散、再集聚的循环往复过程中，城市化得以在更大空间范围内推进，从而出现了大都市圈这一新的城市空间组织形式。

大都市圈形成和发展的直接动力是城乡相互作用。从空间相互作用的观点看，城市化就是通过城乡相互作用使城市功能在人类生活中的作用不断增强、城市空间份额不断提高的过程。由于各个城市行为者对规模经济的追求，城市空间范围不断扩大，对外围地区的影响得以加深，当这种影响发展到足以使外围地区强烈表现出与中心城市的一体化倾向，即其经济结构实现了与中心城市高度关联的非农化的时候，就产生了中心城市与其外围地区共同组成的大都市圈。大都市圈的本质特征是城乡之间的密切联系，而密切程度与外围地区的非农化水平直接相关。因此，非农产业在外围地区的充分发展是大都市圈形成的重要前提。在传统技术条件下，大部分非农产业都具有城市区位指向的特征，但第二次世界大战以后的技术革命使这一格局发生了根本性变化。首先，技术进步改变了“城市—工业、乡村—农业”的城乡分工结构，城乡关系进入城乡非农产业共同发展的新阶段。其次，技术进步加速了城乡产业结构的更新和重塑，特别是随着以信息经济、知识经济为基础的后工业社会的到来，服务业取代制造业成为中心城市的主导产业，而传统制造业则逐步从中心城市向周边地区扩散。由此，中心城市和外围地区的产业结构同时产生互动转换，建立了基于不同技术水平和资源优势的产业关联。最后，技术进步带来的交通技术改进大大扩展了人类活动的空间尺度，继居住郊区化、工业郊区化后又出现了服务业郊区化、办公室郊区化，城乡一体化倾向更趋明显。城乡之间的相互作用以人员、物资、资金、信息等各种“流”的形式体现，并通过交通、通信等基础设施传递、扩散。因此，完善的基础设施可以大大提高区域的通达性，减少城乡相互作用能量在传递、扩散过程中的损耗，从而使城乡联系达到最佳。

在当今经济全球化和区域经济一体化的主旋律下，一国参与国际竞争的能力已经不是单一的产品和技术竞争，更是一国城市整体能力的竞争，而这种竞争主要表现为大都市圈之间、区域之间的竞争。大都市圈作为区域经济发展的主要载体和参与国际竞争的单元，它的崛起及其带动作用已经成为推动一个国家或地区经济发展的主要动力，成为推动一国城市整体能力提升的核心动力。大都市圈之所以成为区域经济发展的主要载体和参与国际竞争的单元，是由于大都市圈具备以下功能。

第一，大都市圈具备辐射带动功能。大都市圈的发展必然会带动其他地区的共同进步，因而具有辐射和带动作用。“增长极理论”认为经济增长并非同时出现在所有地方，而是以不同的强度首先出现在一些增长点或增长极上，然后通过不同的渠道向外扩散，并对整个经济产生不同的最终影响。而增长极对其周围区域的影响有正负两种相反的效应，即“极化效应”和“涓滴效应”。在这两种效应的共同作用下，区域增长极的周边地区还可以形成新的增长极，进而带动更大地区的共同发展。关于增长极的辐射作用的传播路径，“核心—边缘理论”认为核心与边缘之间存在着极化与扩散的关系，任何一个区域，从一方面看是高层次核心的边缘区，从另一方面看又是较低层次区域的核心区，不同层次区域的上下套接，形成了等级传播扩散网络。而20世纪80年代产生的区域经济梯度推移理论则认为梯度推移是发展转移的基本方式。这些理论充分说明了，大都市圈是一个国家经济增长的中心，是一个国家参与国际竞争的基本单元，也是促进更大区域发展的核心动力，具有辐射带动功能。

第二，大都市圈具备产业配置功能。大都市圈的整体发展可以克服单个城市在发展过程中的不足，实现资源的优化配置，产业结构的合理布局。过去以城市为单位配置产业结构，会造成城市之间的产业结构雷同、职能相似，而发展大都市圈经济不仅可以避免这一格局的发生，还可以实现在一个更大的区域范围内进行产业之间的分工协作（项光勤，2004）。同时，大都市圈的协调发展还可以使内部各等级城市承担不同的经济功能，从而实现各产业在不同功能城市间的合理分工。另外，大都市圈的集聚经济效应，可以使其内部的产业在宏观上形成一个规模适当、结构合理、联系密切的统一体。而在微观上，则表现为区域内的主要产业，特别是第二、第三产业在一些生产条件优越的点上集聚的现象。这就使得区域内形成了优化的产业结构。

第三，大都市圈具备合理空间布局功能。大都市圈整体功能的发挥离不开合理的空间布局，为了更好发挥大都市圈对区域经济的带动作用，应根据大都市圈的地理条件、所处的发展阶段等因素，选择适合其发展的空间布局模式。美国的大部分地区采取的是多核分散型空间布局，即有多个核心共同带动大都市圈的发展。这种布局模式的特点是大都市圈内部多个核心城市平衡发展，各司其职，因此多适用于其内部城市发展得较为均衡的大都市圈。随着大都市圈的发展，人们逐渐认识到便捷的交通网络的重要性，进而主张采取“点—轴”渐进扩散模式发展大都市圈。即首先在全国范围内，确定若干等级的、具有有利发展条件的线状基础设施轴线，然后重点发展轴线地带的若干个点。随着经济实力的不断增强，经济开发的重点逐渐由高等级点向低等级点延伸。但是，随着工业化的加剧，“点—轴”渐进扩散模式会导致经济的过分集聚，因此，在区域经济发展到较高程度的时候，应采取网络开发模式，以不同级别增长中心和发展轴线组成社会经济的空间网络，使区域经济趋于分散化而形成网络形式。

1.2 大都市圈的概念和界定

大都市区（metropolitan area）是一个大的城市人口核心以及与其有着密切社会经济联系的具有一体化倾向的邻接地域的组合，它是国际上进行城市统计和研究的基本地域单元，是城市化发展到较高阶段时产生的城市空间组织形式。美国是最早采用大都市区概念的国家。进入20世纪后，美国城市化出现了新的现象，一些规模较大的城市超越原有的地域界线，向四周扩展，将周围地区纳入城市化轨道，并与中心城市紧密相连，融为一体。于是，有必要将这一地区作为一个整体进行考察，以便更科学和客观地衡量城市化水平，为制定城市相关政策提供依据。1910年美国人口普查局（U. S. Census Bureau）首次采用"大都市区"（metropolitan district，MD）这一概念进行人口统计。之后都市区的名称和定义多次调整，1990年美国开始采用"大都市区"（metropolitan area，MA）的定义，规定每个MA应有一个人口在5万人以上的城市化地区（UA）为核心，围绕这一核心的都市区地域为中心县和外围县。中心县是该城市化地区的中心市所在的县；外围县则是与中心县邻接且满足以下条件的县：（1）从事非农业活动的劳动力至少占全县劳动力总量的75%以上；（2）人口密度大于50人/平方英里且每10年人口增长率在15%以上；（3）至少15%的非农业劳动力向中心县以内范围通勤或双向通勤率达到20%以上。

美国大都市区概念的内涵尽管经历了几度调整，但它反映的却是大城市及其辐射区域在美国社会经济生活中地位不断增长的客观事实，有其重大的实践意义。在美国城市化过程中，大城市一直呈优先发展的局面，并在空间结构方面发生了相应的变化。20世纪以前，主要是大城市的市区本身不断扩大，但尚未形成大都市区。此后，随着大城市人口逐渐向郊区迁移，形成了功能相当集中的中心商业区和以居住为主的郊区，构成大都市区的两个基本要素。大都市区的郊区不断横向扩展，每当其外延地区达到大都市区规定的标准时，便被划入大都市区。这样，美国城市的地域范围从早期相对窄小的社区扩展为面积超过数百英亩的大都市区，囊括了数个甚至数十个城市，使原有的"城市"（city）界限和定义几乎失去了意义。可以说，用"城""乡"这两个传统的地域概念已不能准确概括美国人口分布趋向，取而代之的是大都市区和非大都市区（王旭，2001）。截至1990年，美国已有265个大都市区，其人口占美国总人口的79.5%。

随着美国大都市区概念的普遍使用，西方其他国家纷纷仿效美国的做法建立自己的城市功能地域概念，如加拿大的"国情调查大都市区"（census metropolitan area，CMA），英国的"标准大都市劳动区"（standard metropolitan labour area，SMLA）和"大都市经济劳动区"（metropolitan economic labour area，MELA），澳大利亚的"国情调查扩展城市区"，瑞典的"劳动—市场区"以及日本的都市圈等。虽然它们的名称和制定标准有所不同，但这些标准的核心不外乎以下几点：（1）考虑非农劳动力占绝对优势的中心市、中心县与外围县之间的劳动力联系的规模、频度；（2）人口分布的集中性和连续性；（3）统计地域的可操作性与行政区划的完整性，大多以县为基准单位。各个国家还根据自己的国情特点增加或减少了一些界定指标，如英国增加了中心城市就业岗位的要求，规定中心城市每英亩就业岗位数必须达到4个以上，或拥有总就业岗位数1万个以上。加拿大的CMA规定中心城市人口数须达到10万人以上，与外围地区通勤率在40%以上，且第一产业劳动力比例低于全国平均值，人口增长率高于全国平均值。日本参照英国、美国的经验，于1954年提出了本国的“标准城市地区”概念用以确定城市功能地域的范围。但后来这一概念逐渐被放弃，城市功能地域被具体化为各种“城市圈”，如被广泛应用的生活（通勤）圈、商业圈等。这些概念是指以一日为周期，可以接受城市的某一方面功能服务的地域范围。1960年日本提出了“都市圈”的概念，并规定都市圈的中心市人口规模须在10万人以上，且外围地区到中心市的通勤率在5%以上。其中大都市圈要求中心市为中央指定城市或人口规模在100万人以上，且邻近有50万人以上的城市。1965年日本科学技术厅还明确规定到中心城市就业、上学的依赖程度在3.0%以上和年人口增长率在0.1%以上的地区可纳入大都市圈范围。日本大都市圈的概念类似西方大都市区但突破了大都市区的地域范围，其直径距离可达100～200公里，人口可达3 000万人以上①。

从大都市圈内中心城市和其他城市之间的相互关系来看，大都市圈空间组织可以分成以下三种类型：

1. 单中心型

单中心型大都市圈围绕中心城市向外扩展，形成同心圆圈层结构，大多数大都市圈属于这种结构，如纽约、伦敦、柏林、巴黎、莫斯科等。中心城市是国家的首位城市，具有强大的吸引力，外围地区以中小城市为主。一般来说，这类城市已形成以第三产业为主的产业结构，而第三产业又以生产服务业为主。由于生产服务业的区位有着高度集聚的倾向，使这些城市的就业岗位高度集中于市中心，如纽约的曼哈顿的就业人口达200多万人，伦敦也达100多万人。随着郊区化的进展，就业岗位有向郊区扩散的趋势，但是，这些大都市圈的外围地区至今仍未形成规模巨大的城市和就业中心。

2. 一主多副型

“一主多副型”大都市圈是由一个主要的核心地区和数个次级核心地区组

---

① 本书统一使用大都市圈的概念。

成，如东京圈、阪神圈就是其典型代表。围绕东京湾，除东京外，还有日本第二大城市横滨，以及川崎、千叶等中等城市。日本西部的阪神圈以大阪为核心，包括京都、神户等城市，构成日本第二大经济实体。由于大阪和京都、神户等城市的规模差异不是太大，因而阪神圈的多极性相对来说较为突出。

3. 多中心型

这一类都市圈或由于自然条件的原因，或地方有强烈的自治传统，形成区域内城市众多但中心城市规模不大的特点，如德国的鲁尔、荷兰的兰斯塔德等。多中心大都市圈中有一个中心在规模上或重要性上占优势，多中心的概念并不排斥土地利用的同心圆模式的存在，每个次中心都可以具有同心圆结构。

当经济发展到一定水平之后（一般在城市化人口达到50%以后），大都市圈将成为区域经济发展的主要载体和参与地区、国家、国际竞争的单元。2011 年，我国城市化人口已经超过 50%，东部沿海地区的经济发展水平明显高于中西部地区，其城市化进程将率先从单核城市化向多核都市化发展。本章将力图通过对东京、纽约和伦敦国外三大著名都市圈的概况介绍和经验教训总结，为构建厦、泉、漳大都市圈提供必要的经验和启示。

1.3 国外三大著名大都市圈

1.3.1 东京大都市圈

1. 东京大都市圈的地域范围

东京大都市圈位于日本列岛本州岛东南侧，濒临东京湾，是以日本首都东京为核心、以京滨—京叶临海工业带为依托、由东京及其周边半径距离为 100 公里范围左右的 20 余个规模大小不等的城市组成的环状大都市圈。主要包括东京、埼玉、千叶、神奈川、茨城、枥木、群马、山梨等一都七县所构成的地域单元。

东京大都市圈的区域总面积为全日本的 9.6%，但是该都市圈的人口却占日本总人口的 33.9%，人口密度是全国平均水平的 3 倍以上。其中的东京都和神奈川县的城市化率分别为 98% 和 93.8%，远超全国的平均水平（66%）（见表1-1）。

表 1－1　东京大都市圈土地面积和人口（2010 年）

地区	土地总面积（平方公里）	总人口（千人）	城市化率（%）	城市人口（千人）	农村人口（千人）	人口密度（人/平方公里）
全日本	377 950	128 057	66.0	84 518	43 539	343.4
东京圈	36 436	43 467	61.9	26 906	16 561	1 193.0
茨城	6 096	2 970	35.9	1 066	1 904	487.2
枥木	6 408	2 008	42.6	855	1 153	313.3
群马	6 362	2 008	39.6	795	1 213	315.6
埼玉	3 768	7 195	78.9	5 677	1 518	1 894.2
千叶	5 082	6 216	71.7	4 457	1 759	1 205.2
东京	2 103	13 159	98.0	12 896	263	6 105.7
神奈川	2 416	9 048	93.8	8 487	561	3 745.4
山梨	4 201	863	34.4	297	566	193.3

资料来源：日本总务省统计局《日本统计年鉴》2012 年（平成 24 年）。

2. 东京大都市圈的经济发展概况

东京大都市圈是日本的政治、经济、文化中心，并逐步确立起全球三大金融中心的地位，同时也是日本最重要的交通与信息枢纽。该区域集中了国家立法、行政和司法机构，主要的政治党派总部、外国使领馆、地方政府办事部门以及民间企业的相应机构，是国家的政治、行政中枢。它作为日本经济的核心地带，是日本各主导产业（制造业、服务业、商业、不动产业、运输通信业、金融保险业）的中心，其生产总值 2010 年为 190.95 万亿日元（约 2.17 万亿美元），占全日本的 1/3 强，其中第二、第三产业分别达 32.9% 和 40%（2010 年，见表 1－2），制造业从业人员占全国的 24.5%（见表 1－3）。该都市圈的人均所得也明显高于全国平均水平。由于交通基础设施完备，形成了 1 日通勤工作、通学圈，东京的昼夜人口比例高达 118.6%，埼玉和千叶的昼夜人口比例分别为 88.3%、89.1%（见表 1－4）。作为日本文化事业的核心区，集中了全日本 1/3 以上的大学，其中有著名的东京大学、庆应大学、早稻田大学等；并拥有全国 1/3 的国家级文化机构，日本广播电台和三大报纸的总部均设在这里。该区域拥有日本最大的港口群体——东京湾港口群，东京（羽田）和新东京（成田）两大国际机场以及发达的陆路交通，并且信息基础设施发达，是全国信息处理中心、交通和信息的中枢。

表 1-2　　　　东京大都市圈的产值（2010 年）　　　　单位：十亿日元

地区	总产值	第一产业	第二产业	第三产业	人均所得（千日元）
全日本	505 016	5 742	124 807	392 198	2 916
东京圈	190 946	1 066	41 120	156 959	3 068
东京圈/全日本(%)	37.8	18.6	32.9	40.0	105.2
茨城	11 516	264	4 291	7 186	2 943
枥木	7 990	143	3 114	4 970	2 917
群马	7 221	121	2 535	4 828	2 693
埼玉	20 796	131	5 498	15 693	2 933
千叶	19 689	249	4 876	15 040	2 976
东京	89 715	43	12 737	82 501	4 155
神奈川	30 899	55	7 031	24 596	3 198
山梨	3 120	60	1 038	2 145	2 729

资料来源：日本总务省统计局《日本统计年鉴》2012 年（平成 24 年）。

表 1-3　　　　东京大都市圈各都县制造业概况（2010 年）

地区	单位数（从业人员 4 人以上）	从业人员（千人）	制造业出厂产品金额（十亿日元）
全日本	263 061	8 365	335 579
东京圈	64 752	2 051	73 079
东京圈/全日本（%）	24.6	24.5	21.8
茨城	6 180	266	9 779
枥木	4 930	199	7 680
群马	5 770	192	6 707
埼玉	13 607	392	11 775
千叶	5 996	215	12 346
东京	16 469	325	8 024
神奈川	9 642	389	14 868
山梨	2 158	73	1 900

资料来源：日本总务省统计局《日本统计年鉴》2012 年（平成 24 年）。

表1-4　东京大都市圈15岁以上通勤、通学人数的变化（千人）

地区	1995年		2010年					
					15岁以上通勤、通学人数			
	昼间人口	昼夜人口比例（%）	昼间人口	昼夜人口比例（%）	在本市町村工作、学习	在本省外市町村工作、学习	在外省工作、学习	来自外省在本省工作、学习
全日本	127 286	100	128 056	100	38 440	22 086	5 650	5 650
东京圈	42 163	97.8	43 506	97.8	10 072	8 293	3 841	3 877
茨城	2 886	97	2 873	96.8	922	471	176	80
栃木	1 998	99.3	1 995	99.4	700	296	73	62
群马	2 021	99.9	2 005	99.8	688	309	60	56
埼玉	6 159	87.5	6 352	88.3	1 649	1 174	1 087	244
千叶	5 340	88.5	5 541	89.1	1 460	961	863	187
东京	14 978	120.6	15 608	118.6	2 402	3 242	472	2 918
神奈川	7 905	90.3	8 277	91.5	1 986	1 666	1 090	318
山梨	876	99.1	855	99.1	265	174	20	12

资料来源：日本总务省统计局《日本统计年鉴》2012年（平成24年）。

3. 东京大都市圈的形成与发展

东京大都市圈的形成有其自然和历史的原因，但是从东京大都市圈的形成与发展来看，东京大都市圈发展之所以能实现经济整合，是市场经济发展过程中企业追求经济利益的结果。工业，特别是制造业中的重化工业有着强烈的大城市区位指向，因为它需要城市功能的综合服务，需要大规模的基础设施支持，需要较强的科技开发力量，需要大量的劳动力，需要产业集聚的效益，需要紧靠最大用户——大城市，需要广阔的用地，需要近邻的港湾海运以及便利的铁路、公路等交通条件，对于原料和商品销售市场大都依赖海外的日本制造业来说，这一点尤为重要。这正是东京大都市圈发展的根本动力以及实现圈内经济整合的理性选择。同时，合理进行区域内产业结构调整，使该区域经济得以整体、协调发展。东京大都市圈产业结构调整的整体效应，首先表现为大都市圈内合理的产业结构和区域分工格局，大都市圈内的中心城市以其科技、资本和产业的优势，在产业结构调整中起着先导的创新作用，通过合理的产业结构调整，既成功地增强了中心城市的实力和地位，也使周围地区获得了良好的发展契机。

另外，政府历次规划对日本东京大都市圈（日本称首都圈）的发展和经济整合也起了很大作用（见表1－5）。

表1－5　　东京大都市圈发展规划制定的时期及主要内容

规划阶段	规划发布时期	主要内容
第一阶段	1956年《第一次首都圈基本计划》	主要目标是应对由于经济复兴引起的人口、企业在东京的集中，建设一个能够适应政治、经济、文化中心需要的首都
	1962年《全国综合开发计划》	基本目标是“纠正地区差别，充实城市基础建设，谋求地区间均衡发展”
第二阶段	1968年《第二次首都圈基本计划》	消除东京及其近邻地区由人口、产业过密而带来的弊害，使周边4县成为具有集聚工业开发和现代化农业等物质生产功能并具有流通功能、文化功能的大规模、复合型的都市
	1969年《新全国综合开发计划》	运用设立大规模项目的开发方式，修建呈网络结构的新干线、高速公路，把周边城市与大城市连接，以促使核心大城市经济增长效应的扩散，实现全国的均衡发展
第三阶段	1976年《第三次首都圈基本计划》	基本目标是，适应经济社会新的变化，充分利用有限的国土资源，促进人与自然的协调，以推进居住环境的综合整治，应对地区差别等问题
	1977年《第三次全国综合开发计划》	在控制人口向大都市集中的同时，振兴地方经济，解决人口、产业分布过疏过密的问题，从而形成均衡利用国土、居住舒适的综合环境
第四阶段	1986年《第四次首都圈基本计划》	再次把首都圈分成东京大都市圈（东京都、埼玉县、千叶县、神奈川县、茨城县南部）和周边区域（东京大都市圈以外的茨城北部、枥木、群马、山梨4县）
	1987年《第四次全国综合开发计划》	基本目标是希望形成人口、产业不是向大都市一级集中的、区域间能够相互补充、相互交流的多级分散型的国土布局

续表

规划阶段	规划发布时期	主要内容
第五阶段	1999 年《第五次首都圈基本计划》	确定了东京都的“21 世纪的首都”和首都圈的“圈域营造战略”，重点是推进以据点型都市（即次中心城市）为中心的、具有较高自立性的地区建设，培育和发展作为合作交流据点的“业务核都市”，使“业务核都市”与次中心城市形成功能分担、相互提携交流的“分散型网络结构”大都市圈
	1998 年《第五次全国综合开发计划》	基本目标是“构筑形成多轴型国土结构的基础”，其开发战略是“参加与合作”，这是一种委托地方及民间企业开发、充分尊重各区域个性和多样化的呼吁型的计划方式，彻底改变迄今为止依然是向东京高度集中的状况

资料来源：日本国土交通省，《大都市圈整备》，http：//www. mlit. go. jp/toshi/daisei/index. html。

1.3.2 纽约大都市圈

1. 纽约大都市圈的地域范围

纽约大都市圈包括两种定义。第一种定义为纽约—北新泽西—长岛、纽约—新泽西—宾夕法尼亚（NY-NJ-PA）大都市圈统计地区（New York-Northern New Jersey-Long Island，New York-New Jersey-Pennsylvania Metropolitan Statistical Area），这个统计地区包括四个分区：（1）纽约—怀特普莱恩斯—韦恩（New York-White Plains-Wayne），纽约—新泽西（NY-NJ）大都市分区（11 个郡）；（2）拿骚—萨福克（Nassau-Suffolk），纽约（NY）大都市分区（2 个郡）；（3）纽瓦克—尤宁（Newark-Union），新泽西—宾夕法尼亚（NJ-PA）大都市分区（6 个郡）；（4）爱迪逊—新不伦瑞克（Edison-New Brunswick），新泽西（NJ）大都市分区（4 个郡）。第二种定义为纽约—纽瓦克—布里奇波特、纽约—北新泽西—康涅狄格—宾夕法尼亚联合统计地区（New York-Newark-Bridgeport，New York-New Jersey-Connecticut-Pennsylvania Combined Statistical Area），除了包括上述地区还包括其他 7 个郡。

从大范围看，纽约大都市圈正处于美国东北部大城市走廊，即从波士顿到华盛顿的中心位置。纽约大都市圈由 23 个县区构成，总面积为 12 231.2 平方公里，占全国总面积的 0.13%。人口 1891 万人，占全国总人口的 6.13%，人口密度则是全国平均水平的 48 倍（见表 1－6）。纽约大都市圈的地域概括完全符合大都市圈经济发展的特征，是典型的大都市圈经济，跨越了不同的州县，分属不同的行政区划，经济结构是互补型的网络化结构。

表1-6　纽约大都市圈的人口、区域面积与人口密度
（纽约—北新泽西—长岛、纽约—新泽西—宾夕法尼亚大都市圈统计地区）

国家、地区	人口（人）	区域面积（平方公里）	人口密度（人/平方公里）
美国	308 745 538	9 629 091	32
纽约—北新泽西—长岛、纽约—新泽西—宾夕法尼亚大都市圈统计地区	18 914 921	12 231.2	1 546
纽约—怀特普莱恩斯（White Plains）-韦恩（Wayne），NY-NJ 大都市分区	11 594 063	41 520	6 725
国王郡（Kings County）——布鲁克林区（Brooklyn），NY	2 504 700	178.4	14 037
皇后郡（Queens County）——皇后区（Queens），NY	2 230 722	283	7 882
纽约郡（New York County）——曼哈顿区，NY	1 601 948	59.5	26 939
布朗克斯郡（Bronx County）——布朗克斯区（The Bronx），NY	1 385 108	110.7	12 507
里士满郡（Richmond County）——斯塔滕岛（Staten Island），NY	470 467	151.5	3 106
韦斯特切斯特郡（Westchester County），NY	949 113	1 121.1	847
伯根郡（Bergen County），NJ	905 116	598.5	1 512
哈得孙郡（Hudson County），NJ	634 266	121	5 241
帕塞伊克郡（Passaic County），NJ	501 226	479.2	1 046
罗克兰郡（Rockland County），NY	311 687	451	691
帕特南郡（Putnam County），NY	99 710	598.1	167
拿骚—萨福克（Nassau-Suffolk），NY 大都市分区	2 832 882	3 188.2	889
萨福克郡（Suffolk County）	1 493 350	2 362.1	632
拿骚郡（Nassau County）	1 339 532	1 170	1 145
爱迪逊—新不伦瑞克（Edison-New Brunswick），NJ 大都市分区	2 340 249	4 463.3	524

续表

国家、地区	人口（人）	区域面积（平方公里）	人口密度（人/平方公里）
米德尔塞克斯郡（Middlesex County）	809 858	803	1 009
蒙默思郡（Monmouth County）	630 380	1 222.1	516
大洋郡（Ocean County）	576 567	1 647.3	350
萨默塞特郡（Somerset County）	323 444	790.8	409
纽瓦克—尤宁（Newark-Union），NJ – PA 大都市分区	2 147 727	427.7	5 022
艾塞克斯郡（Essex County），NJ	783 969	326.9	2 398
尤宁郡（Union County），NJ	536 499	274.7	1 953
莫里斯郡（Morris County），NJ	492 276	1 215.2	405
苏塞克斯郡（Sussex County），NJ	149 265	1 349.6	111
亨特登郡（Hunterdon County），NJ	128 349	1 116.1	115
派克郡（Pike County），PA	57 369	1 420	40

资料来源：U. S. Census 2010，http：//2010. census. gov/2010census/data/.

2. 纽约大都市圈的经济发展概况

纽约大都市圈是国际银行和贸易的中心地区，该地区的经济规模在美国位居第一。该地区 2010 年的 GDP 为 1.28 万亿美元，仅次于东京大都市圈，在世界排第二位。纽约大都市圈土地面积小，承载人口多，人口密度大，产值总量高，就业率高，而产业结构和布局结构合理，经济能量高度集聚，处于世界经济的中枢地位是其主要的特点。纽约大都市圈不仅是美国经济、金融中心，同时也是美国高等院校、研究机构密集的区域。纽约大都市圈有正规大学约 80 所，社区学院和职业技术培训性的学院约 200 所，前者通过研发和科技成果转让支持地方经济，后者为经济发展提供高质量的劳动力。总之，纽约大都市圈依靠高度发达的交通基础设施一体化、产业结构优化、产业链条一体化、区域规划一体化，造就了纽约大都市圈经济、金融中心特征，不仅是美国经济增长的中心，也是世界经济发展变化的风向标。

3. 纽约大都市圈的形成机制

纽约大都市圈的经济整合理念和驱动机制在不同历史时期有所不同，是市场机制作用的结果（见表1－7）。但是，除了市场经济因素外，推动美国纽约大都市圈经济整合，提升其整体竞争力的要素还有社会中介组织。社会中介组织在纽约大都市圈经济整合规划中发挥了重要的作用。区域规划协会（Regional Plan Association，RPA）便是一个独立的社会中介组织，由企业、市民和社区领导者组成，是纯粹的私人组织，完全没有官方支持，区域规划协会作为一个非营利性的区域经济规划组织，主要针对纽约大都市圈的发展，制定跨越行政界限的综合规划，并鼓励政府与私人组织合作来促进规划的实施，最终致力于提升纽约大都市圈的生活质量和经济竞争力。纽约作为纽约大都市圈的核心城市，其对周围地区的社会经济影响和辐射带动范围已经远远超出了纽约市，甚至纽约州政府管辖的范围，要在更宽阔的空间范围内实现资源的优化配置，唯有进行一个跨行政区域的经济整合规划，才能提升整个纽约大都市圈的经济竞争力，RPA 就这样产生了。整合区域市民、企业和政府的力量采取共同行动是 RPA 规划推行的突出特征。RPA 自从 1921 年以来先后对纽约大都市圈做过三次区域规划。RPA 在公共规划领域的成功，是其长达 75 年持续努力的结果，这包括对民众公民意识的教育和规划的宣传，得到企业、社团和市民的支持是其坚实的基础。

表1－7　　不同时期纽约大都市圈发展情况

	早期	中期	晚期
理念	克服城市区划局限，增强区域概念	加强区域整合	提升区域竞争力，达成可持续发展
驱动机制核心内容	应对城市及周边问题合理区划，有序疏散	应对城市及区域问题阻止都市蔓延，关注社会问题	主动规划区域发展经济、环境、公平问题

资料来源：罗伯特·D. 亚罗和托尼·西斯，《危机挑战区域发展》，商务印书馆 2010 年版。

1.3.3　伦敦大都市圈

1. 伦敦大都市圈的地域范围

大伦敦（Greater London），位于英国英格兰东南部，是英格兰下属的一级行政区划之一，范围大致包含英国首都伦敦与其周围的卫星城镇所组成的都会区。行政上，该区域是在 1965 年时设置，其下包含伦敦市与 32 个伦敦自治市，共 33 个次级行政区。大伦敦的总人口为 817.4 万人，占英国总人口的 13.6%，区域面积则仅为全国的 0.6%。人口密度是全国的 22.67 倍（见表1－8）。

表 1 – 8　　伦敦大都市圈的人口、区域面积与人口密度

地区	人口（人）	区域面积（平方公里）	人口密度（人/平方公里）
英国	60 225 720	244 820	246
大伦敦	8 174 000	1 572	5 200
伦敦市（City of London）	207 300	2.6	79 731
威斯敏斯特市（City of Westminster）	19 400	21.5	903
肯辛顿 – 切尔西（Kensington and Chelsea）	158 700	12.1	13 083
哈默史密斯 – 富勒姆（Hammersmith and Fulham）	182 500	16.4	11 128
旺兹沃思（Wandsworth）	307 000	34.3	8 961
兰贝斯（Lambeth）	303 100	26.8	11 301
萨瑟克（Southwark）	288 300	28.9	9 993
陶尔哈姆莱茨（Tower Hamlets）	254 100	19.8	12 853
哈克尼（Hackney）	246 300	19.1	12 922
伊斯灵顿（Islington）	206 100	14.9	13 869
卡姆登（Camden）	220 300	21.8	10 106
布伦特（Brent）	311 200	43.2	7 197
伊灵（Ealing）	338 400	55.5	6 094
豪恩斯洛（Hounslow）	254 000	56	4 537
里士满（Richmond）	187 000	57.4	3 257
金斯顿（Kingston）	160 100	37.3	4 298
默顿（Merton）	199 700	37.6	5 310
萨顿（Sutton）	190 100	43.9	4 335
克罗伊登（Croydon）	363 400	87	4 177
布罗姆利（Bromley）	309 400	150.2	2 061
刘易舍姆（Lewisham）	275 900	35.2	7 849
格林尼治（Greenwich）	254 600	47.4	5 377
贝克斯利（Bexley）	232 000	60.6	3 831
黑弗灵（Havering）	237 200	112.3	2 113

续表

地区	人口（人）	区域面积（平方公里）	人口密度（人/平方公里）
巴金－达格纳姆（Barking and Dagenham）	185 900	36.1	5 151
雷德布里奇（Redbridge）	279 000	56.4	4 946
纽汉（Newham）	308 000	36.2	8 504
沃尔瑟姆福里斯特（Waltham Forest）	258 200	38.8	6 651
哈林盖（Haringey）	254 900	29.6	8 614
恩菲尔德（Enfield）	312 500	82.2	3 802
巴尼特（Barnet）	356 400	86.7	4 109
哈罗（Harrow）	239 100	50.5	4 737
希灵登（Hillingdon）	273 900	115.7	2 367

资料来源："2011 Census－Population and Household Estimates for England and Wales, March 2011". Office for National Statistics, http://www.ons.gov.uk/ons/dcp171778_270487.pdf.

2. 伦敦大都市圈的经济发展概况

伦敦一直是欧洲最大的金融中心城市。2009年，其地区总产值为0.34万亿欧元（约为0.47万亿美元），占英国当年国民生产总值的21.5%，人均44 400欧元，为全国人均水平的1.7倍。[①] 伦敦市（City of London）是伦敦最大的金融中心，分布有许多的银行、保险公司和金融机构。大约有一半以上的英国百强公司和100多个欧洲500强企业均在伦敦设有总部。全球大约31%的货币业务在伦敦交易。伦敦证券交易所是世界上最重要的证券交易中心之一。伦敦港同时也是英国最大的港口，每年吞吐量约5 000万吨。

3. 伦敦大都市圈的形成机制

（1）伦敦大都市圈是在城市化与区域规划政策指导下形成和逐步完善的。

1938年提出了用"绿带"控制大都市无限蔓延的方案，以引导绿带以外地区的发展，这一概念后来广泛应用在世界各国大都市的规划之中；1944年提出的阿伯克隆比的"大伦敦规划"实际上就是大都市圈规划，规划面积达6 731平方公里。规划根据伦敦发展的现状，提出了圈层发展模式；1946年英国政府制

① Eurostat Press Office: Regional GDP per capita in 2009: seven capital regions in the ten first places, http://epp.eurostat.ec.europa.eu/cache/ITY_PUBLIC/1－13032012－AP/EN/1－13032012－AP－EN.PDF.

定了“新城市法”，把大都市圈的新城建设作为政府计划予以实施，并在大伦敦区先后建了8座新城。

（2）比较完整、定型的大都市圈行政管理组织和体制。

英国在1972年通过法案设立大都市县，这也是一种典型的“大都市模型”。大都市县拥有许多“环境”权力和自己的税收系统。然而，由于大都市政府的权力与地方当局即区的权力（有关规划、高速公路管理和公共运输）相冲突，所以英国大都市县于1986年终止。

1957年，英国政府提出大伦敦重组的方案，1965年大伦敦议会正式成立，其辖区范围达1580平方公里。大伦敦内建立两级政府，对原有的市镇再次进行合并重组。但大伦敦议会后来的作用逐渐下降，市政府的权力上升。由于大伦敦议会缺乏效率，1986年被中央政府废除。大都市的各项事物分别由不同部门管理，伦敦成为世界上唯一没有大都市圈统一政府或机构的城市。毫无疑问，这削弱了伦敦的国际竞争力。英国政府在意识到这一点后又开始对伦敦大都市圈的行政管理进行改革。2000年重新选举了伦敦市长并成立大伦敦市政议会。新的大伦敦市政议会主要负责以下事务：交通、经济发展、环境问题、规划和空间发展、旅游、娱乐、警察和消防等。在新的统一市政府领导下，作为二级政府的自治市政府将继续提供地方性的服务，如教育、住宅、城市更新，但必须和大伦敦市紧密合作以保证伦敦整体政策的一致性。

1.4 国外大都市圈发展的经验和启示

1.4.1 比较完整、定型的大都市圈行政管理组织和体制是都市圈发展的先决条件

大都市圈是一个跨越广大地域、以功能相互联结的巨大区域，其空间组织比较复杂。一般来说，大都市圈总是包含若干个基层行政区系统，由于西方各国有着强烈的地方自治传统，因此，大都市圈内各地方政府和政治团体之间难免出现各种矛盾和冲突。协调地方和大都市圈两个层面的利益就成为大都市圈管理中的最重要事宜。从西方国家大都市圈的管理经验来看，一般都在大都市圈层面上成立相应的政府机构或协调机构，大都市圈管理机构和地方政府之间实行功能分工，各司其职，从而形成双层次管理体制，这种管理体制对维护大都市圈的整体利益、促进大都市圈稳定发展发挥了积极作用。

经过几十年的探索和实践，西方国家已经建立起一套比较完整、定型的大都市圈行政管理组织和体制。这套体制的特征包括规范的制度安排、服务规则、社会秩序

以及先进的公共设施等，使其能够通过行政、经济和法律的手段，对公共需求进行有效的利益整合，调整都市圈各利益集团之间的矛盾冲突，促进经济的稳定发展。

1. 大都市圈政府

大都市圈政府（metropolitan government）是指大都市地区政府的结构或机构的安排，也称作“大都市模型”，具有以下4个主要特征：(1) 政治合法性，由其政治代表直接选举获得的；(2) 从高级政府到地方当局的自治；(3) 范围广大的司法权；(4)“恰当的”地域覆盖，基本上由功能城市地区组成。

大都市圈政府一般是通过兼并或者联合地方政府而建立的，大都市圈政府的行政长官通过直接选举而产生。大都市圈政府的职责主要是制定地域发展战略规划、基础设施网络的经营管理（运输、水、污水和废物的处理）、消防和文化。早在1954年，多伦多大都市圈政府就在加拿大建立，其政务会由城市地区的13个市政当局的市长组成。多伦多大都市圈政府有广泛的权力（规划、水资源管理、污水和废物的处理、高速公路和公共运输），已经发展为超越市政当局的形式，变成加拿大最有力的大都市圈政府之一。1970年，多伦多城市共同体（CUM）产生，其直接选举的代表来自大都市圈的27个市政当局。波特兰大都市圈政府则是美国第一个直接选举产生的区域政府，其职能主要是会同地方政府制定区域规划，保护环境，提供区域性公共服务。经过几年的发展，这个政府组织已经成为解决许多区域性重大问题的灵活而有效的区域性行政组织。1966年，法国在4个主要城市（波尔多、里尔、里昂、斯特拉斯堡）中创立城市共同体。这些城市共同体是具有间接选举代表权力的机构，有自己的税收系统和许多其他权力（规划、技术网络和住房）。

2. 大都市圈议会

典型例子有美国双城大都市圈议会和英国伦敦大都市圈议会。双城大都市圈位于美国明尼苏达州东部，双城即指圣保罗和明尼阿波利斯两个分居密西西比河东西侧的城市。作为独立的利益实体，各地方政府均从地方本位主义出发，时而合作，时而竞争，整个地区的管理在这些不同利益驱动下分割成很多“管理碎块”。而且，随着经济的发展，城市不断向外扩张，各种城市问题不断涌现，如基础设施落后、环境污染日益加剧等。诸如此类的问题不仅影响到某一城市，而且扩展到整个都市圈。正是在这种背景下，双城地区在1967年成立了大都市圈议会（Metropolitan United Council，MUC）。MUC是双城地区目前重要的都市组织，由州立法院授权建立，并对其负责。议会共有17个成员，他们由州长提名任命，一般一个市一个代表，其基本职责包括三项：一是对大都市圈内的实际事务进行长远规划，对一些长远支出预算进行审查；二是对一些都市组织如交通局、垃圾处理委员会、航空委员会的预算运行进行监督；三是就某些问题给县政府和各市议会提供咨询服务。双城大都市圈议会成功地处理了很多都市事务，促进了整个都市地区的发展。

1957 年，英国政府提出大伦敦重组的方案，1965 年大伦敦议会正式成立，其辖区范围达 1 580 平方公里。大伦敦内建立两级政府，对原有的市镇再次进行合并重组，新的市镇以 20 万人作为最低下限，设自治市和独立的伦敦城。但大伦敦议会后来的作用逐渐下降，市政府的权力上升。由于大伦敦议会缺乏效率，1986 年被中央政府废除。大都市的各项事物分别由不同部门管理，伦敦成为世界上唯一没有大都市圈统一政府或机构的城市。毫无疑问，这削弱了伦敦的国际竞争力。英国政府在意识到这一点后又开始对伦敦大都市圈的行政管理进行改革。2000 年重新选举了伦敦市长并成立大伦敦市政议会。

3. 组建半官方性质的地方政府联合组织

大都市圈内的各地方政府根据自愿的原则成立的区域规划组织，主要负责处理都市圈内诸如土地利用、住宅、环境质量、经济发展等方面的问题。在美国、加拿大一些大都市圈都设有这种协调机构，在美国其数量已近 700 个之多，如旧金山湾区政府协会，由旧金山湾区的 9 个县和 100 个城市的政府组成；南加州政府协会由洛杉矶县、橘县等 6 个县政府和 100 多个城市政府组成，覆盖的区域面积近 10 万平方公里，人口达 1 500 万人，是美国面积最大的地方政府间组织。辖区内城市是否参加协会完全自愿，目前 188 个城市中有 135 个参加了协会。协会设有董事会，重大问题由董事会表决决定。现有董事会成员 70 个，规模较大的城市一市一个，一些小城市则联合推选一个成员。[①] 董事会成员必须是民选官员，其职能主要是从事交通、住房、空气质量、水资源等方面的区域性规划。

4. 设立功能单一的特别区及其专门机构

根据某种特定的管理需求，划出一定的区域范围，设立专门管理机构，实行区域协调管理。特别区的区域范围划定根据需要有大有小，大的基本上覆盖整个大都市圈，小的则只有 2 ~3 个城市的组合。特别区的种类更是五花八门，有大气质量管理区、水区、学区、废弃物管理区、交通运输区、空港管理区、公园区、消防区、海岸保护区、图书馆区、体育场馆区，等等。大的特别区由州授权

---

① 谢守红、傅春梅：《西方大都市区的管理模式及其对我国的启示》，载于《衡阳师范学院学报》2006 年第 8 期。

建立，小的由县设立，其中许多由民选产生。因此，特别区管理机构具有相当权威性。美国特别区的数目大大超过了普通行政区区域的数目，1987 年美国县、市、乡、镇等合计 38 933 个，而各种特别区共有 44 253 个①其职能可以概括为两个方面：一是协调利益冲突；二是提高资源共享性。如美国加州南海岸大气质量管理区，其主要职能是管理固定空气污染源。纽约—新泽西港务局则统一管理两州的码头和机场及相应的不动产。

5. 政府间签订合约

这也是西方大都市圈区域协调管理中普遍采用的一种方式，主要是公共设施方面的合作，按市场法则进行。如美国洛杉矶市在筹建污水处理厂时与周边城市进行了广泛的磋商，最后与 29 个城市签订合约，洛杉矶市投资 46 亿美元兴建日处理能力 4.5 亿加仑的污水处理厂（目前规模居世界第二），其他 29 个城市有偿共享。签订合约方式用得较多的是警察与消防方面的合作。如核桃市人口只有 3 万人，其市政府与县政府签订合约，由县政府的警察局、消防局有偿提供核桃市的治安和消防服务。市与市之间也有签订治安和消防合约的，主要是就近合作解决城市边缘地带的治安和消防问题。另外，还有图书馆、公立医院等市与县政府签订合约的。总之，合约方式把市场法则引入行政管理领域，受到普遍欢迎。

除以上 4 种大都市圈政府的组织模式外，在某些国家，也有中央政府有关部门直接插手大都市圈的管理。如大伦敦议会解散后，其警务由中央政府直接管理。当然，这适合规模较小的国家。在日本，国土厅设大都市圈整治局，负责编制大都市圈的规划。在有的大都市圈，则成立非官方的民间组织，编制大都市圈的综合规划，向有关部门提供咨询意见。如大伦敦规划协会、纽约的三州区域规划协会都编制过大都市圈的规划。20 世纪 70 年代以来，随着西方国家后工业社会的来临，国家、市场、社会之间的关系发生了根本性的变化，对大都市圈的管理提出新的挑战，许多经济和社会问题再也不能通过简单的借助自上而下的政府计划或凭借市场中介的“无为而治”的方式来解决，必须通过公共部门、非营利性组织和私人团体之间进行协调来解决，于是大都市圈治理（metropolitan governance）应运而生。目前，大都市圈治理主要就以下内容进行探讨：（1）大都市圈政府和组织体制的研究，主要围绕大都市政府系统内部行政权力的合理分配进行研究，包括大都市各级政府和各部门之间，以及相邻城市间权力关系的整合等，其核心是探讨政府权力的合理和公平分配等问题；（2）大都市圈治理的影

---

① 谢守红、傅春梅：《西方大都市区的管理模式及其对我国的启示》，载于《衡阳师范学院学报》2006 年第 8 期。

响因素和机制研究，主要围绕大都市圈公共管理的行政化和非行政化、市场化运作机制等内容进行，其实质是在权力不流失的情况下探讨市场和社会参与决策的模式，以实现效率的提高；（3）以人为本思想的研究，包括城市管理决策的社会化、公众参与，及其建立满足城市居民需求的城市管理模式等。

启示：有必要在漳、厦、泉大都市圈层面上成立相应的政府机构或协调机构，大都市圈管理机构和地方政府之间实行功能分工，各司其职，从而形成双层次管理体制，这种管理体制有利于维护大都市圈的整体利益、促进大都市圈稳定发展。充分发挥我们行政机构相对权威和相对有效率的优势，同时我们也要充分地调动半官方和非官方的力量，对厦、泉、漳大都市圈进行高效的规划、建设和管理。

1.4.2 发挥政府与社会各方面力量，利用区位优势，建成立体基础网络设施是实现大都市圈发展的基本条件

东京大都市圈的基础交通网络设施非常完善，城市轨道交通更是发达。东京城市轨道以东京火车站为圆心半径 50 公里范围的网络总长度为 2 246.4 公里，城市轨道网络的密度是 222 米/平方公里。这个数字在诸如伦敦、纽约和巴黎等世界大城市的近似范围内是最高的。东京 23 区的网络长度为 584.8 公里，密度高达令人吃惊的 947.8 米/平方公里。这个网络最显著的特色之一是针对每一个区域分别建立不同的模式。从名称上，这个网络包括公交型普通铁路（包括高架和地面）、地铁、微型地铁、单轨（包括跨座式和悬挂式）、定向人群运输 GMT 和有轨电车（见表 1－9）。

表 1－9　东京大都市轨道交通网络的组成及经营者类型

类型	长度（公里）	网络份额（%）	经营者类型（家）			
			私营企业	国有企业	第三类型	合计
公交型普通铁路	1 846.1	82.2	13	0	3	16
地铁	276.2	12.3	0	3	0	3
微型地铁	12.9	0.6	0	1	0	1
单轨	54.7	2.4	2	0	2	4
CMT 定向人群运输	39.3	1.7	1	0	3	4
有轨电车	17.2	0.8	1	1	0	2
合计	2 246.4	100.0	19	5	6	30

注：东京大都市包括东京的 23 个区，该区覆盖了以东京火车站为圆心半径 15 公里的范围。

资料来源：冈田宏，《东京城市轨道交通系统的规划、建设和管理》，载于《城市轨道交通研究》2003 年第 3 期。

在这些组成部分中，普通铁路线占到整个网络长度的80%以上，比如说由东日本铁路（私有化以后日本国家铁路的继承公司）或私人铁路公司经营的山手线和主要放射线。地铁线有近300公里，占整个网络长度的13%，大部分集中在山手线以内的城市中心。单轨线和定向人群运输线GMT是在1960年或其后建设的，连接着新商业区和新居民区。有一个大型干线铁路站，向那些新开发的区域提供了必需的运输工具。直到几十年前，有轨电车还是诸如山手线以内的城市中心的主要运输工具。但是由于客运汽车的快速发展，导致了有轨电车被拆除，部分代之以地铁网络。目前有轨电车只剩两条线共17.2公里。

东京大都市城市轨道网络的另一个显著特色就是它的经营者总数达到30家。共有16家经营公交型普通铁路，其中13家是私营企业。比如日本国家铁路私有化的继承者东日本铁路。这些企业在服务质量上进行着竞争。地铁线的经营者是国有企业。单轨和GMT的经营者主要是由市政府和私人企业联合投资建立的第三类组织（冈田宏，2003）。

启示：完善、发达的基础交通设施有利于实现大都市圈内部的人流、物流快速而高效流动，是实现大都市圈发展的基本条件，也是大都市圈完善和发展的催化剂。在漳、厦、泉大都市圈的基础交通设施的建设和完善方面，我们有必要进一步发扬“先行先试”精神，不应仅仅依靠政府还应该充分调动社会各方面的积极性，鼓励和支持基础交通设施方面的多元投资多元经营，这是早日完善基础交通设施的捷径。

1.4.3 市场机制为前提，以实现产业结构优化配置和产业链相连的大都市圈发展模式是实现经济圈经济整合的必要条件

东京大都市圈包括东京中心区和5个自立都市圈，5个自立都市圈又包括若干个业务核心城市和次核心城市。中心区和自立都市圈职能分工明确（见表1-10）。

表1-10　日本《首都改造规划》中的都市圈

中心区和自立都市圈	业务核心城市	职能	次核心城市
东京中心区	区部	政治、行政、金融、信息、经济、文化	
多摩自立都市圈	八王子市、立川市	商业、大学集聚	青梅市
神奈川自立都市圈	横滨市、川崎市	国际港湾、工业集聚	厚木市
埼玉自立都市圈	大宫市、浦和市	居住、政府集聚	熊谷市

续表

中心区和自立都市圈	业务核心城市	职能	次核心城市
千叶自立都市圈	千叶市	国际空港、港湾、工业集聚	成田、木更津市
茨城南部自立都市圈	土浦市、筑波地区	大学、研究机构集聚	

资料来源：成田孝三，《转换期的都市和都市圈》，京都地人书房 1995 年版。

纽约大都市圈土地面积小，承载人口多，人口密度大，产值总量高，就业率高，而产业结构和布局结构合理，经济能量高度集聚，处于世界经济的中枢地位是其主要的特点。就经济特色来看，这个经济圈的纽约州部分（含纽约市、怀特普莱恩斯、韦斯特切斯特）的产业主要是金融、保险、证券（这几样主要聚集在曼哈顿）、软件（IBM 研究院总部在韦斯特切斯特）。新泽西（指紧靠纽约市的部分）主要是制药业的研发（辉瑞制药、OHNSON & JOHNSON 总部所在地）、生物科技、新材料、微电子。康州部分主要是潜艇等军工、科技研发、能源、制药等。纽约大都市圈内各城市依托自身资源优势，产业自成特色，并未在行政上实施硬性的统一规划和分工合作，主要依靠市场经济的力量，按照市场机制的规则实施。纽约大都市圈不仅是美国经济、金融中心，同时也是美国高等院校、研究机构密集的区域。纽约大都市圈正规大学约 80 所，社区学院和职业技术培训性的学院约 200 所，前者通过研发和科技成果转让支持地方经济，后者为经济发展提供高质量的劳动力。总之，纽约大都市圈依靠高度发达的交通基础设施一体化、产业结构优化、产业链条一体化、区域规划一体化，造就了纽约大都市圈经济、金融中心特征。

纽约与周围城市合理的地域分工格局和产业链形成，成为大都市圈持续发展的基础和保障。纽约都市圈位于大西洋沿岸，港口发展一直是这一区域的基础。在世界大都市圈形成过程中，有序的区域分工格局实际上可以从港口间的合理分工得到反映。例如，在纽约都市圈内有纽约港、费城港、巴尔的摩港和波士顿港等，其中，纽约港是美国东部最大的商港，重点是发展集装箱运输；费城港主要从事近海货运；巴尔的摩港作为矿石、煤和谷物的转运港；而波士顿港则是以转运地方产品为主的商港，同时兼有渔港的性质。这些港口通过有序分工，构成了一个分工合理、运营灵活的美国东海岸港口群，而纽约港则是这一港口群的中心枢纽。纽约作为世界金融中心，金融、贸易功能独占鳌头，费城主要是重化工业比较发达，波士顿的微电子工业比较突出，而巴尔的摩则是有色金属和冶炼工业地位十分重要，同时，华盛顿的首都功能还为整个大都市带抹上了浓重的政治中心色彩。大都市圈及其周围地区的多样化、综合性的整体功能远远大于单个城市功能的简单叠加。

启示：大都市圈形成和发展的根本动因是对规模经济的追求，而合理分工是实现规模经济的必要途径。我们在构建厦、泉、漳大都市圈这样多核心的大都市圈时，应该在尊重历史，立足当前，放眼未来的基础上，合理地规划核心城市、次核心城市地域分工格局和产业链，因为这是大都市圈可持续发展的基础和保障。

1.4.4 尊重历史，立足当前，放眼未来，以市场机制为纽带，以社会机制为基础，调动各方面力量，制定、修改、完善和实施可持续发展的规划体系是大经济圈能够顺利实现经济整合的保证和动力源泉

成熟的大都市圈的形成和发展都离不开规划的制定、修改、完善和实施。当然由于各国的国情不同，制定规划的权力划分和主体亦不尽相同（见表1－11）。

表1－11　　部分国家和地区的城市规划体系创设

国家/地区	规划体系的初创	战后规划体系形成	规划体系特点
英国	《住房和城市规划诸法》，1909年	《城乡规划法》，1947年	中央政府集权，地方开发控制
美国（纽约）	《区划条例》，1916年	《区划条例》1961年	州立法授权，地方政府自治
德国	只有地方性法规	《联邦建设法》，1960年	介于中央集权和地方自治之间
日本	《城市规划法》，1919年	《城市规划法》，1968年	类似英国的中央政府集权
新加坡	《新加坡改善条例》，1927年	《规划条例》，1959年	城市国家政府的统揽
中国香港	《城市规划条例》，1939年	《规划条例》，1974年	特区政府的统揽

注：美国没有联邦的规划立法，新加坡和中国香港在第二次世界大战前立法采取条例形式。

资料来源：唐子来，《若干发达国家和地区的城市规划体系评述》，载于《规划师》1998年第3期。

回顾纽约大都市一个世纪以来的城市发展和规划变革，能够清晰看到，随着社会进步和意识形态变化，城市规划权力和运作也在改变和摇摆。纽约的规划基本呈现两种演变特征：其一，走向民主和多方参与，规划不再由政府、专家单方面运作的活动，有关社会团体、个人都有法定渠道参与规划，规划权力相对分散、相互制衡。其二，规划干预力度不断调整，与百年来的美国政治发展同步，在自由放任和政府干预之间左右摇摆。城市规划在美国的发展充分体现了美国政治的民主价值观和多元制衡原则，是以民主政治为基础的。因此，规划权力分散在地方政府的各个部门、非政府机构、社区居民等不同利益集团手中，其相互之间的利益协调就是多元制衡的规划过程。

通过对纽约城市规划的考察，容易看到这种民主制度下的规划模式存在相当多的“缺陷”。首先，“小政府”整体造成宏观、持续性规划很难得到推行。其次，规划编制和实施的效率依赖政治权利的集中，美国政体权力分散、多方利益共存在一定程度上导致了规划的低效运作。进一步思考，不难发现，城市规划和美国民主政治的相关性决定了规划行政的制度局限性，理想的规划干预必然受到政治民主的约束。为了防止强权政府对公民社会的危害，建国伊始，合众国缔造者们在民主自由理想下创立了美国政治制度。可以这样理解，美国的选民们不会以牺牲民主自由来换取经济增长或理想蓝图、宏观战略等。城市规划是对一个地区未来发展的安排和规划，需要社会多方的相互妥协和高度协调一致的行动，这可能是不同利益集团之间的协调，包括政府、开发商和市民，以及多个公共部门之间的合作，以纽约为例，涉及交通、环保、历史以及消防等多个部门；甚至需要获得某些民间组织的认同和支持，例如在纽约南岸区项目中发挥重要作用的那些市民组织。规划要成为高度一致的行动，或需要强大的政府机构，或耗尽时日折中众多各方的利益取向，如果说前者会触动美国社会和政治的核心内容，不太现实，那么后者就成为规划实施不得不接受的选择。在不断妥协、权衡和取舍后，规划会变得现实和折中，不会产生利益倒向一方的结果，但也往往难以对现状进行大幅度、大跳跃式的改变。①

然而，解读纽约规划历史，不仅看到了保守和谨慎，也看到了变革和修正，为了促进城市发展和社会进步，在必要的时候，纽约人是毫不犹豫的，如1901年《住房法案》的出台，跨州机构纽约港务局的设立，社区为基础规划体系的构建，公共事务的私有化介入等都是对问题和低效做出的较为迅速的反应，这些改革和补救措施对形成良好的城市环境，促进地方发展做出了贡献。因此，权力制衡下的美国城市规划善于随着不同的社会经济条件进行调整和补救，在规划实

① 洪文迁：《纽约大都市规划百年》，厦门大学出版社2012年版。

践中兼顾社会公正和效率。

20世纪60年代起，在公众争取社区权力的运动中，参与性的城市规划逐步发展起来，并且得到了地方政府和规划专家的支持和推动。1975年和1989年的《城市宪章》先后确立了社区和公众对土地利用的参与决策权，并制定了公开听证的城市土地利用审批程序（The Uniform Land Use Review Process，ULURP）程序。此外，非政府组织在土地利用审议和建设开发决策中也发挥了一定的影响力。

在具体规划事件上，公众的焦点一般从自身利益出发，着眼于现实性、局部状况以及所处社区的未来预期，与个人的生存状态联系紧密；非政府组织则多从社团组织的理念和宗旨做出价值判断，如族裔文化、社会阶层、环境保护、历史传统、意识形态等集团观念和利益，社会精英有很强的影响力和代表性。这些价值导向和开发商的市场取向、政府力图推进经济发展和社会进步的综合目标有明显的差异，矛盾和冲突是在所难免的。城市土地利用审批程序提供了一种可参与的城市规划协商机制，虽不可能完全消除各方的分歧和矛盾，但是依靠这一法定程序，使得影响力相对较小的公众社区有机会表达自我发展要求、维护自身利益，增进各方妥协的力量平衡，协商改进规划方案，进而影响决策。

启示：规划的制定、修改、完善和实施离不开政府的支持，相对于西方一些国家的“小政府”我们的“大政府”可能更擅长宏观、长期规划的制定和实施。但是我们应该借鉴纽约大都市圈的民主和多方参与的经验，即规划不再由政府、专家单方面运作的活动，应努力保证有关社会团体、个人都有法定渠道参与规划，只有这样做，才能减少和避免不顾历史的毁城运动，千城一面，以领导偏好为偏好的造城风格，只注重地面建筑的政绩工程等短期行为。当然这样做可能会牺牲一定的效率，但是制定谨慎的、渐进的、可调整的规划，可以避免难以逆转的严重后果，是保证厦、泉、漳大都市圈可持续发展必经之路。

第2章 厦门市人口规模的历史演变及增长预测

改革开放以来，厦门社会经济发展取得了令人瞩目的成就。2012年，地区生产总值（GDP）为2 815.17亿元，按可比价格计算，较上年增长12.1%。其中，第一产业增加值25.30亿元，较上年增长0.5%；第二产业增加值1 363.85亿元，较上年增长13.3%；第三产业增加值1 426.02亿元，较上年增长11.0%。三大产业结构为0.9∶48.4∶50.7。按常住人口计算的人均地区生产总值77 340元，增长10.4%，折合12 252美元。[①]

随着经济高速发展，厦门市的人口迅速增长。特区设立之初，厦门人口不过97万人，2012年，厦门市的常住人口增长至367万人。其中，户籍人口190.92万人。户籍人口中，城镇人口154.52万人，思明、湖里两区合计91.43万人，占47.9%。全市人口出生率14.95‰，人口死亡率3.97‰，人口自然增长率10.98‰，比上年增长3.88个千分点；男性人口和女性人口分别为95.05万人、95.87万人，性别比为99.1（女性为100）。厦门在充分利用地缘优势和政策优势的同时，也充分利用了人口转变带来的人口

① 本书中未标注出处的相关数据均来自《厦门经济特区年鉴》（1986～2013年）。

红利。

本章拟通过分析厦门市人口规模的历史演变，总结特征，建立人口预测模型，从模型测算数据对今后发展趋势进行预测和判断，为“十二五”经济发展、为“转型发展、创新驱动”的发展方向提供具有一定参考性的数据和理论依据。

2.1 厦门市人口规模历史演变的特征

与深圳、珠海等经济特区不同，据《厦门市志》记载，厦门在中华人民共和国成立之初就已经是个具有20万人口的城市。在最初设立特区的1980年，厦门市的人口也已经达到93.4万人，但是，限于当时的城乡分割制度，厦门人口主要是户籍人口，流动人口和迁移人口极少。自设立特区以来，吸引了大量国内外人才和劳动力来厦创业务工经商，本地人口也迅速增长。据《厦门市2010年第六次全国人口普查主要数据公报》显示，2010年厦门市共有常住人口353.1347万人，远远超过了“十一五”期间厦门市官方做出的275万人的预测值。可见，厦门人口变化远比想象得要快些。纵观厦门特区建设以来人口转变具有以下特点：

2.1.1 厦门人口规模呈稳定扩大趋势

2001~2008年，厦门市的常住人口增长速度较快而且较为稳定，2009年起，常住人口增长率的波动较为剧烈，2001年至今，常住人口年均增长率高达5%，常住人口由2001年的219万人增加到2012年的367万人（见图2-1）。

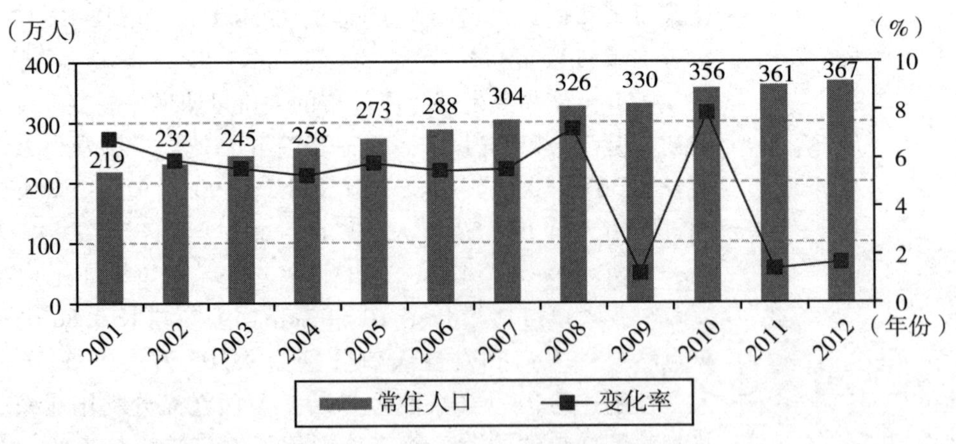

图2-1 常住人口及变化率

资料来源：《厦门经济特区年鉴》（2002~2013年）。

常住人口中，户籍人口稳定增长的趋势则更加明显。户籍人口从1981年的95.08万人增加到2012年的190.92万人，年均增长率为2.2%。2003年和2004年的年增长率波动较大，2005年后的4年增长速度加快，2009年和2010年有所回落，从2011年开始，增长率又再度回升到2.7%以上（见图2-2）。

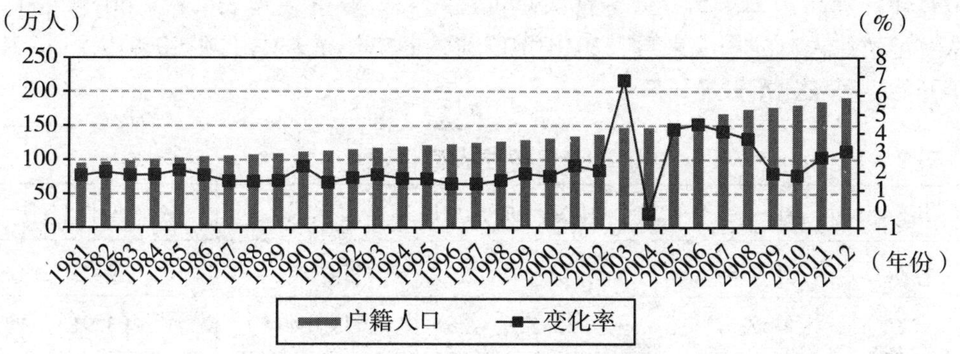

图2-2　户籍人口及变化率

资料来源：《厦门经济特区年鉴》（1982~2013年）。

厦门市户籍人口的出生率、死亡率和自然增长率1978~2012年平均分别为14.27‰、5.23‰和9.04‰，总体呈下降趋势。2001年以后，出生率略有回升，死亡率较稳定，自然增长率也开始回升。户籍人口的自然增长率的稳定回升，是近十多年户籍人口稳定上升的最主要原因（见图2-3）。

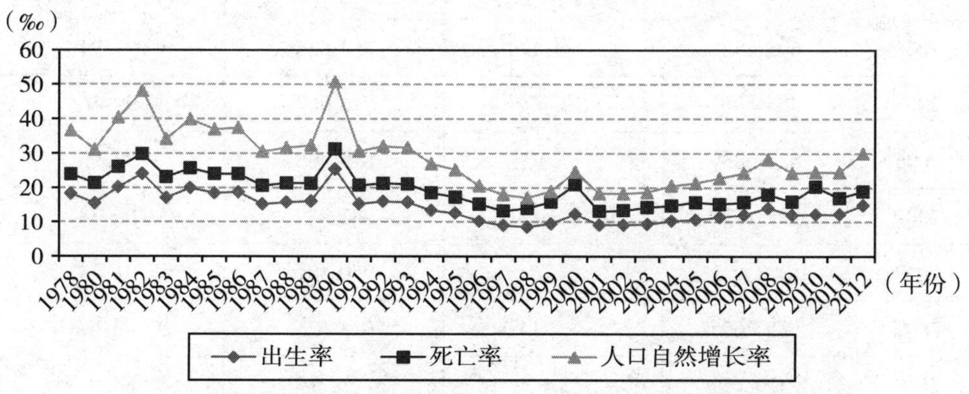

图2-3　户籍人口的出生率、死亡率和自然增长率

资料来源：《厦门经济特区年鉴》（1979~2013年）。

2.1.2 外来人口增加迅猛

厦门市的登记暂住人口变化率波动较大，2010 年开始，增长迅猛，2010 年、2011 年和 2012 年的增长率分别高达 33.87%、70.11%、45.79%。2011 年，登记暂住人口高达 224.5 万人，首次超过户籍人口数量（见表 2－1 和图 2－4）。从登记暂住人口的构成来看，2010 年以前，务工比重基本上在 90% 以上，2010 年开始，务工比重开始下降。

表 2－1　　登记暂住人口情况

年份	合计（人）	变化率（%）	务工（人）	务工占比（%）
1996	406 146		381 415	93.91
1997	461 257	13.57	433 154	93.91
1998	489 504	6.12	450 828	92.10
1999	426 289	－12.91	402 382	94.39
2000	447 335	4.94	405 780	90.71
2001	498 347	11.40	416 093	83.49
2002	618 738	24.16	613 542	99.16
2003	725 952	17.33	685 258	94.39
2004	695 682	－4.17	653 526	93.94
2005	783 531	12.63	776 967	99.16
2006	889 283	13.50	879 765	98.93
2007	947 177	6.51	941 279	99.38
2008	1 007 405	6.36	950 427	94.34
2009	985 860	－2.14	913 621	92.67
2010	1 319 754	33.87	1 174 143	88.97
2011	2 245 089	70.11	1 287 116	57.33
2012	3 273 191	45.79	1 979 447	60.47

资料来源：《厦门经济特区年鉴》（1997～2013 年）。

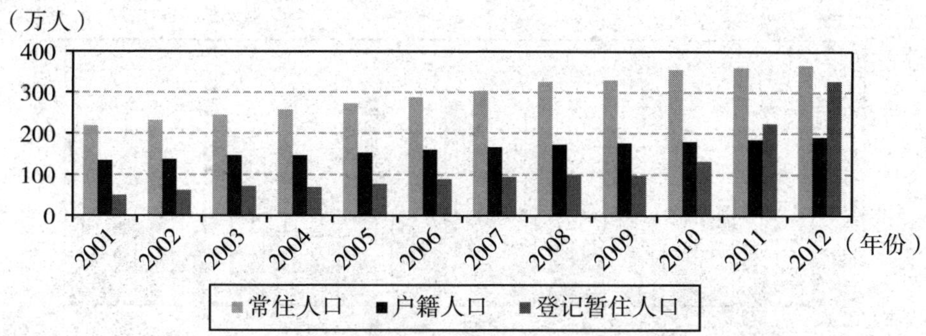

图 2－4　常住、户籍和登记暂住人口

资料来源：《厦门经济特区年鉴》（2002～2013 年）。

在经济低迷时期，登记暂住人口的变化率为负，在经济较热时期，登记暂住人口的增长率加快。我们使用 2001～2012 年的数据，发现实际 GDP 与登记暂住人口的相关系数高达 0.88。可见，登记暂住人口和经济的发展速度具有高度的正相关关系。

2.1.3　人口城乡分布走向均衡

从普查数据来看，第六次全国人口普查资料显示，截至 2010 年 11 月 1 日零时，厦门岛内（思明区、湖里区）常住人口 186.13 万人，占全市总人口的 52.71%，同第五次全国人口普查（2000 年 11 月 1 日零时）相比基本持平，仅下降 0.7 个百分点，半数以上人口依旧选择居住在不足全市土地面积 10% 的岛内。全市六区常住人口均有不同程度的增幅，增幅最大的是海沧区 233.76%，增幅最小的是翔安区 19.99%；除海沧区外，还有两个区常住人口同“五普”相比增长超过了 100%，分别是：湖里区 125.33%、集美区 100.86%，这主要是由于全市产业结构调整，生产型企业逐步向工业园区、高新技术产业园区集中，吸引了大量外来人口向这些区域流动。

从年度数据和各区户籍总人口来看，思明、同安和翔安区一直占据户籍人口总数的前三名；湖里区从 2009 年开始超过了集美区从第五位上升到第四位；海沧区的户籍人口总数一直处在第六位（见图 2－5）。

从各区户籍人口变化率来看，思明和集美区总体呈下降趋势；海沧、同安和翔安区相对稳定；湖里区的变化率则相对较大（见图 2－6）。

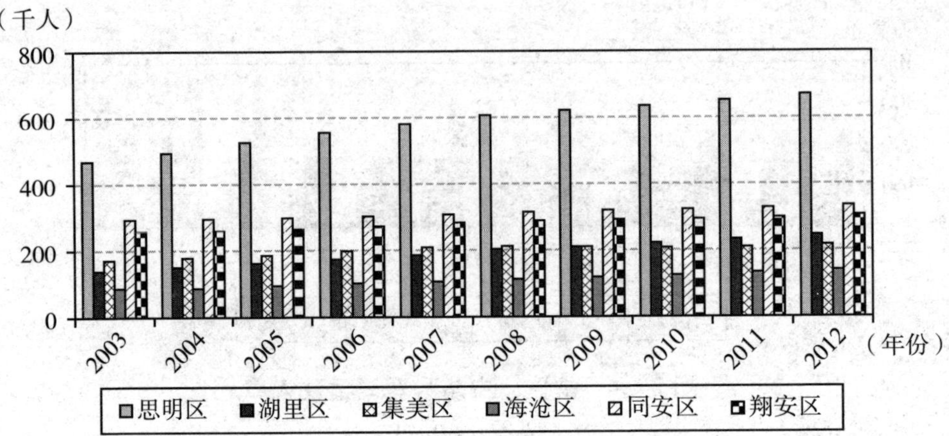

图2-5　各区户籍总人口

资料来源：《厦门经济特区年鉴》（2004～2013年）。

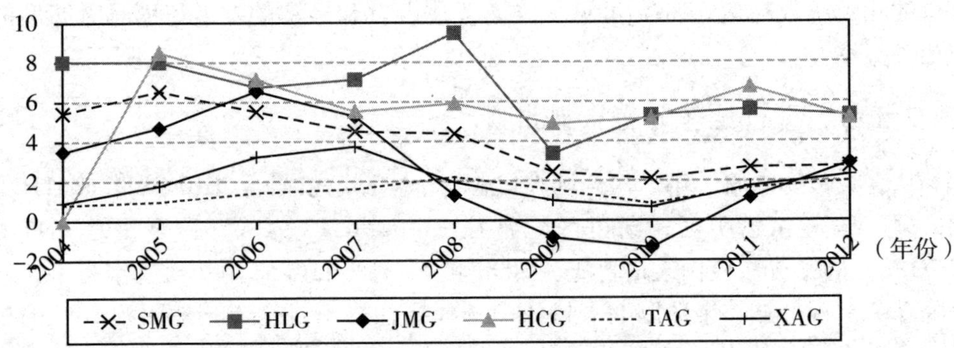

图2-6　各区户籍人口变化率

注：1. SMG、HLG、JMG、HCG、TAG和XAG分别为思明、湖里、集美、海沧、同安和翔安区户籍人口变化率。2. 2003年5月经国务院批准，同意厦门市调整部分行政区划。调整的主要内容包括：（1）思明区、鼓浪屿区和开元区合并为思明区，原三区的行政区域划归思明区管辖。（2）将杏林区的杏林街道办事处和杏林镇划归集美区管辖。杏林区更名为海沧区。（3）设立翔安区，将同安区所辖新店、新圩、马巷、内厝、大嶝5个镇划归翔安区管辖。行政区划调整后，市辖思明、湖里、集美、海沧、同安和翔安6个区。

资料来源：《厦门经济特区年鉴》（2005～2013年）。

从各区户籍城镇人口来看，思明、湖里和同安区的增长相对稳定；海沧和翔安区的户籍城镇人口分别在2006年、2009年有了较大幅度的增长（见图2-7和表2-2）。

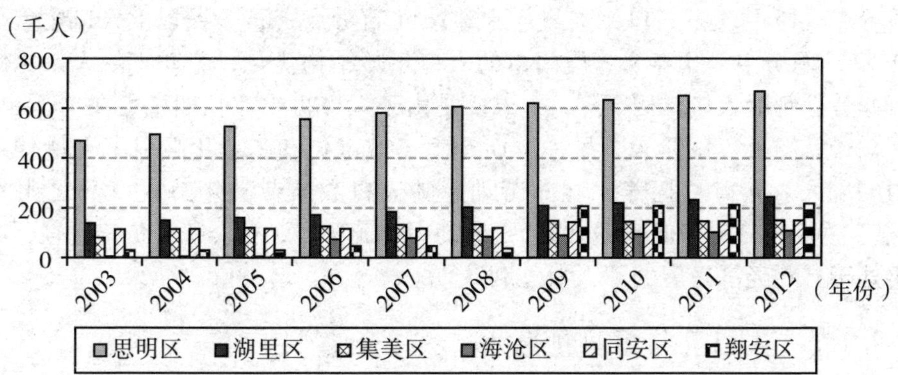

图 2－7　各区户籍城镇总人口

资料来源：《厦门经济特区年鉴》（2004～2013 年）。

表 2－2　各区户籍城镇人口变化率

年份	思明区	湖里区	集美区	海沧区	同安区	翔安区
2004	5.42	8.03	43.08	0.93	1.46	－0.39
2005	6.53	8.00	5.20	2.26	0.87	－0.32
2006	5.51	6.74	4.10	1 277.06	－0.26	56.73
2007	4.51	7.12	4.46	6.46	0.52	1.59
2008	4.39	9.48	2.07	6.90	2.43	－21.43
2009	2.45	3.38	9.66	5.78	19.57	468.36
2010	2.13	5.30	－1.08	6.30	0.79	0.52
2011	2.68	5.60	0.29	8.02	1.92	1.95
2012	2.74	5.30	3.32	5.89	2.40	2.54

资料来源：《厦门经济特区年鉴》（2004～2013 年）。

2.1.4　劳动年龄人口比例上升，“人口红利”犹存

第六次全国人口普查资料显示，截至 2010 年 11 月 1 日零时，厦门市常住人口 353.13 万人。厦门市常住人口中，0～14 岁 45.35 万人，占 12.84%；15～64 岁 291.69 万人，占 82.60%；65 岁及以上 16.10 万人，占 4.56%。根据国际通行标准，一个国家或地区 65 岁及以上人口占总人口的比例达到 7% 以上以后便称为“老年化社会”，厦门市尚未进入老龄化社会。同第五次全国人口普查（2000 年 11 月 1 日零时）相比，2010 年，厦门市 0～14 岁人口比重下降了 1.64

个百分点，15 ~64 岁人口比重上升了 2. 16 个百分点，65 岁及以上人口比重下降了 0. 52 个百分点。十年来，厦门市的人口年龄结构优化，劳动年龄人口比例上升，非劳动年龄人口比例下降，一方面是由于人口再生产长期稳定在“低出生、低死亡、低增长”的阶段，另一方面是由于城市化和工业化吸引了大量外来劳动力的流入。人口总抚养比（非劳动年龄人口数与劳动年龄人口数之比）从“五普”的24. 31%降低到21. 07%，劳动力资源丰富，社会抚养负担较轻，厦门市仍处于有利经济发展的“人口红利”期。

2.1.5 人口文化结构在提升

“六普”数据显示，在厦门市的常住人口中，文盲人口（15 岁及以上不识字的人）为 8. 86 万人，同“五普”相比，文盲人口减少了 1. 16 万人，文盲率从“五普”的 4. 88%降低到 2. 51%，文盲人口比重大幅下降。每 10 万人中，具有大学文化程度人数从“五普”的 8 367 人上升到 17 799 人，增加了 9 432 人，增幅达 112. 73%；高中文化程度人数从 17 651 人上升到 18 909 人，增加 1 258 人，增幅为 7. 13%；具有初中程度人数从 35 927 人下降到 34 670 人，减少了 1 257 人，降幅为 3. 5%；具有小学程度人数从 27 566 人下降到 19 475 人，减少了 8 091 人，降幅为 29. 35%。具有小学、初中程度人数减少，具有高中、大学程度人数增长，人口拥有学历重心呈现出由小学、初中向高中、大学转移的趋势，平均受教育程度明显提高。

2.2 人口规模与增长预测的研究概述

目前，人口预测的方法很多，较为典型的如平均增长量法、平均增长率法、一元线性回归法、指数函数法、幂函数法、多元回归模型法、灰色系统 GM（1, 1）法、罗吉斯蒂（logistic）曲线模型法、MALTHUS 人口模型法、神经网络预测法、系统动力学法等。改革开放以来，国内一些学者也对人口预测算法模型进行了研究和创新，如 20 世纪 70 年代末 80 年代初，宋健和于景元等人建立了人口发展的偏微分方程，将中国的人口研究从定性分析引入定量分析，对人口数量、出生率、死亡率等人口指数进行了预测，曾在国内得到较为广泛的应用。厦门大学人口研究所吴喜平等学者（2006）预测厦门市人口发展可分为三个时期：2005 ~2020 年为人口增长期，全市总人口以每年约 10 万人的速度递增；2020 ~2030 年为人口过渡期，全市总人口基本稳定在 375 万 ~440 万人之间；2030 ~2050 年人口进入负增长期，全市总人口呈逐年下降趋势。本书将使用平均增长率法和罗吉斯蒂曲线模型法，利用最新的数据对厦门市户籍人口和常住人口进行预测。

2.3　厦门市户籍与常住人口增长预测

2.3.1　户籍人口的预测

1. 传统预测模型

户籍人口受自然增长和净流动两个参数影响。确定将这两个因素作为户籍人口模型的参数。应用传统的人口预测模型，预测值应等于人口基值加上静态人口变动（出生人口－死亡人口），同时再加上人口迁移的净值（迁入人口－迁出人口），可用公式表示为：

$$P(t)=\text{人口基数}+\text{自然增长}+\text{净流动}$$

上述公式可整理为：$P(t)=P_0(t_0)+[P_b(t)-P_d(t)]+[M_i(t)-M_e(t)]$
其中，$P(t)$表示t时刻人口预测值，$P_0(t_0)$表示基期的人口规模，$P_b(t)$表示到t时刻所出生的人口数，$P_d(t)$表示到t时刻所死亡的人口数，$M_i(t)$表示从基期到t时刻的迁入人口数，$M_e(t)$表示迁出人口数。现假定人口自然增长率r为$b-d$（b为出生率，d为死亡率），ΔP为人口机械增长率，则上述公式可简化为：$P_t=P_{t-1}(1+\overline{r}+\overline{\Delta P})$。

厦门市及各区传统预测模型的户籍人口预测结果如表2－3所示。户籍人口的自然增长率思明区最低，为5.87‰，最高为湖里区的11.65‰。湖里区的人口机械增长率最高，为54.20‰，但是区域面积最大的同安和翔安两个区的人口机械增长率却处在最低的两位，分别为7.89‰和7.41‰。较低的人口机械增长率也导致上述两区户籍人口占比分别由2012年的18%和16%下降到2020年15%、14%（见图2－8）。当然从传统预测模型预测结果来看，2012～2020年，如果岛内（思明＋湖里）的人口比重还在继续上升，对厦门市可以说是灾难性的。理想的状态是岛外各区的人口比重逐渐上涨。从目前情况看，首先应该是集美、海沧区的人口比重上升，而后是同安、翔安区。要想实现理想状态，降低岛内和提高岛外的户籍人口机械增长率的相关政策具有相当的必要性和紧迫性。

表2－3　　厦门市及各区传统预测模型的户籍人口预测结果

	全市	思明区	湖里区	集美区	海沧区	同安区	翔安区
$\overline{r}$（‰）	7.29	5.87	11.65	6.71	9.34	6.95	7.34
$\overline{\Delta P}$（‰）	25.82	34.67	54.20	22.64	39.35	7.89	7.41

续表

年份	全市户籍人口（万人）	思明区	湖里区	集美区	海沧区	同安区	翔安区
2012	190.92	66.90	24.54	21.48	13.93	33.46	30.61
2013	197.24	69.61	26.15	22.11	14.61	33.96	31.06
2014	203.77	72.43	27.87	22.76	15.32	34.46	31.52
2015	210.51	75.37	29.71	23.43	16.07	34.97	31.98
2016	217.48	78.42	31.66	24.12	16.85	35.49	32.45
2017	224.68	81.60	33.75	24.83	17.67	36.02	32.93
2018	232.12	84.91	35.97	25.55	18.53	36.55	33.42
2019	239.81	88.36	38.34	26.30	19.43	37.10	33.91
2020	247.74	91.94	40.86	27.08	20.38	37.65	34.41

注：人口自然增长率 $\overline{r}$ 与人口机械增长率$\overline{\Delta P}$为 2003～2012 年 10 年平均值。2013 年及之后的数据为预测数据。

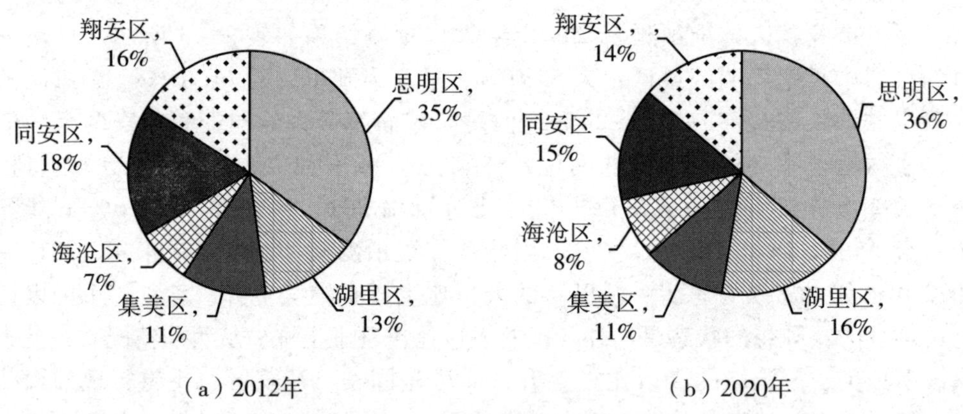

图 2－8　2012 年和 2020 年各区户籍人口占全市的比重

注：2020 年各区户籍人口为预测值。

2. 罗吉斯蒂模型

罗吉斯蒂曲线是由比利时数学家维哈斯特（P. F. Verhulst）在研究人口增长规律时提出来的，又称为生长理论曲线。该曲线所描述现象的特征与龚伯兹

（Gompertz）曲线类似。其曲线方程为：

$$\widehat{Y} = \frac{1}{K + ab^t}$$

其中，K、a、b 为未知参数；t 为时间。

由于罗吉斯蒂曲线的倒数是修正指数曲线，因此，仿照修正指数曲线参数的确定方法，可得 $S_1 = \sum_{t=0}^{m-1} Y_t^{-1}, S_2 = \sum_{t=m}^{2m-1} Y_t^{-1}, S_3 = \sum_{t=2m}^{3m-1} Y_t^{-1}$，则有：

$$\begin{cases} b = \left(\dfrac{S_2 - S_1}{S_3 - S_2}\right)^{\frac{1}{m}} \\ a = (S_2 - S_1)\dfrac{b-1}{(b^m - 1)^2} \\ K = \dfrac{1}{m}\left(S_1 - a\left(\dfrac{b^m - 1}{b - 1}\right)\right) \end{cases}$$

罗吉斯蒂模型最初多被用于进行农业生态系统研究。罗吉斯蒂曲线，也叫“S”形曲线。罗吉斯蒂模型是一条“S”形曲线，且对于拐点是对称的，它描述某些经济变量由开始增长缓慢，随后增长加快，达到一定程度后，增长率有逐渐减慢，最后达到饱和状态的规律性。因此，它也常被用作描述多种单年流行病害的季节流行动态以及汽车生产与销售规律等。同样，用罗吉斯蒂曲线来预测现阶段我国城市人口发展规律是合适的。

罗吉斯蒂模型考虑了人口总数增长的有限性，提出了人口总数增长的规律，即随着人口总数的增长，人口增长率逐渐下降。罗吉斯蒂模型将研究对象的某数量指标泛称为变量。当变量随时间逐渐增长，它对时间的变化率开始单调增加，逐渐达到最大值，然后单调递减，变量的变化逐渐趋于饱和。这一类过程称为饱和增长过程。它有三个显著的特征：其一为单调递增性，其二为增长有限性，其三为形状呈“S”形。罗吉斯蒂模型缺点在于在短期内如 30 ~ 50 年内人口增长可能呈上升趋势，如人口生育率上升、死亡率下降等原因而导致人口上升。下面，用罗吉斯蒂曲线对厦门市户籍人口发展规模进行预测和计算。

用罗吉斯蒂曲线对厦门市户籍人口发展规模预测的结果如表 2 – 4 所示。用罗吉斯蒂曲线对厦门市户籍人口发展规模预测的结果与传统预测模型的预测结果比较来看，前者的预测值明显大于后者。从表 2 – 4 的结果来看，预测残差和百分比误差都比较小，所以用罗吉斯蒂曲线对厦门市户籍人口发展规模预测的结果要准确。

表 2-4　　　　厦门市罗吉斯蒂模型的户籍人口预测结果

t	年份	Y_t（万人）	$\frac{1}{Y_t}\times 10^6$	预测值（$\hat{Y}_t$）	预测残差（$Y_t-\hat{Y}_t$）	百分比误差 $\left(\frac{Y_t-\hat{Y}_t}{Y_t}\times 100\%\right)$
0	1981	95.0847	10 516.939	97.09807	-2.01337	-0.02117
1	1982	96.9823	10 311.16	98.30639	-1.32409	-0.01365
2	1983	98.7542	10 126.152	99.5684	-0.8142	-0.00824
3	1984	100.5647	9 943.8471	100.8875	-0.32283	-0.00321
4	1985	102.6669	9 740.2376	102.2675	0.399405	0.00389
5	1986	104.541	9 565.625	103.7124	0.828629	0.007926
6	1987	106.1036	9 424.7509	105.2266	0.877018	0.008266
7	1988	107.6834	9 286.4824	106.815	0.868433	0.008065
8	1989	109.3299	9 146.6287	108.4828	0.847075	0.007748
9	1990	111.8592	8 939.81	110.236	1.623227	0.014511
S1			97 001.6327			
10	1991	113.4512	8 814.3625	112.0808	1.370396	0.012079
11	1992	115.3556	8 668.8466	114.0244	1.331232	0.01154
12	1993	117.4934	8 511.1164	116.0745	1.418946	0.012077
13	1994	119.4208	8 373.7506	118.2397	1.181107	0.00989
14	1995	121.3642	8 239.6621	120.5297	0.83453	0.006876
15	1996	123.0037	8 129.8367	122.9551	0.048638	0.000395
16	1997	124.6729	8 020.9893	125.5278	-0.8549	-0.00686
17	1998	126.5925	7 899.3621	128.2613	-1.66876	-0.01318
18	1999	128.9876	7 752.6832	131.1705	-2.18289	-0.01692
19	2000	131.267	7 618.0609	134.2725	-3.00545	-0.0229
S2			82 028.6704			
20	2001	134.3599	7 442.6968	137.5864	-3.22648	-0.02401
21	2002	137.1588	7 290.8191	141.1342	-3.97537	-0.02898
22	2003	147.1579	6 795.4218	144.9408	2.21711	0.015066
23	2004	146.7731	6 813.2376	149.0349	-2.26184	-0.01541

续表

t	年份	Y_t（万人）	$\frac{1}{Y_t}\times 10^6$	预测值（$\hat{Y}_t$）	预测残差（$Y_t-\hat{Y}_t$）	百分比误差 $\left(\frac{Y_t-\hat{Y}_t}{Y_t}\times 100\%\right)$
24	2005	153.2168	6 526.6994	153.4497	-0.2329	-0.00152
25	2006	160.3838	6 235.0437	158.2234	2.160366	0.01347
26	2007	167.2356	5 979.5881	163.4009	3.834737	0.02293
27	2008	173.671	5 758.0137	169.0345	4.63653	0.026697
28	2009	176.9983	5 649.7718	175.1862	1.812059	0.010238
29	2010	180.206	5 549.2048	181.9299	-1.72392	-0.00957
S3			64 040.4968			
30	2011	185.2646	5 397.6853	189.3539	-4.08934	-0.02207
31	2012	190.92	/	197.5653	-6.64527	-0.03481
32	2013			206.6945		$b=1.018516$
33	2014			216.903		$a=-6836.58$
34	2015			228.3919		$k=17135.45$
35	2016			241.416		
36	2017			256.3023		
37	2018			273.4778		
38	2019			293.511		
39	2020			317.1755		

利用罗吉斯蒂曲线结算的结果的平均绝对误差为：

$$S_y=\sqrt{\frac{1}{n-1}\sum_{t=0}^{31}(Y_t-\hat{Y}_t)^2}=2.420836(\text{万人})$$

$$MAPE=\frac{1}{32}\sum_{t=0}^{31}\left|\frac{Y_t-\hat{Y}_t}{Y_t}\times 100\%\right|=0.013568$$

2.3.2 常住人口预测

用罗吉斯蒂曲线对厦门市常住人口发展规模预测的结果如表 2-5 所示。

表 2-5　　厦门市罗吉斯蒂模型的常住人口预测结果

t	年份	Y_t（万人）	$\frac{1}{Y_t}\times 10^6$	预测值（$\hat{Y}_t$）	预测残差（$Y_t-\hat{Y}_t$）	百分比误差（$\frac{Y_t-\hat{Y}_t}{Y_t}\times 100\%$）
0	2000	205	4 878. 04878	206. 12717	-1. 12717	-0. 00550
1	2001	219	4 566. 21005	218. 48751	0. 51249	0. 00234
2	2002	232	4 310. 34483	231. 36438	0. 63562	0. 00274
3	2003	245	4 081. 63265	244. 75280	0. 24720	0. 00101
S1			17 836. 23631			
4	2004	258	3 875. 96899	258. 64447	-0. 64447	-0. 00250
5	2005	273	3 663. 00366	273. 02753	-0. 02753	-0. 00010
6	2006	288	3 472. 22222	287. 88647	0. 11353	0. 00039
7	2007	304	3 289. 47368	303. 20198	0. 79802	0. 00263
S2			14 300. 66855			
8	2008	326	3 067. 48466	318. 95096	7. 04904	0. 02162
9	2009	330	3 030. 30303	335. 10651	-5. 10651	-0. 01547
10	2010	356	2 808. 98876	351. 63799	4. 36201	0. 01225
11	2011	361	2 770. 08310	368. 51120	-7. 51120	-0. 02081
S3			11 676. 85955			
12	2012	367. 0		385. 68859	-18. 68859	-0. 05092
13	2013			403. 12 951	$b=0.92815$	
14	2014			420. 79056	$a=3819.82236$	
15	2015			438. 62604	$k=1031.55170$	
16	2016			456. 58834		
17	2017			474. 62847		
18	2018			492. 69657		
19	2019			510. 74249		
20	2020			528. 71631		

从表 2－5 的结果来看，预测残差和百分比误差都比较小，利用罗吉斯蒂曲线结算的结果的平均绝对误差为：

$$S_y = \sqrt{\frac{1}{n-1}\sum_{t=0}^{12}(Y_t - \hat{Y}_t)^2} = 3.585559(\text{万人})$$

$$MAPE = \frac{1}{13}\sum_{t=0}^{12}\left|\frac{Y_t - \hat{Y}_t}{Y_t} \times 100\%\right| = 0.00728$$

传统预测模型假定静态人口变动（出生人口－死亡人口）和人口迁移的净值（迁入人口－迁出人口）在今后是不变的情况下预测今后的人口规模，过去人口的自然增长率与人口机械增长率机械地决定了今后的人口规模，显然这种预测方法问题较大。罗吉斯蒂曲线预测方法预测残差和百分比误差都比较小，所以这种方法对厦门市常住人口发展规模预测的结果比较准确。但是人口增长受多种因素的影响，任何一种模型都不能完整地预测其发展情况，具体采用何种模型，应该按照实际情况加以选择，如能将各种定性和定量模型有机地结合将是比较理想的预测方法。

2.4 预测人口增长新特点推断

2.4.1 总体趋势看，三大人口因素将呈现不同发展趋势

1. 常住人口总量：增速将减缓

从图 2－9 预测结果来看，厦门市的常住人口呈逐年增长的态势，在 2019 年将突破 500 万人，但是增长率却是逐年下降的。

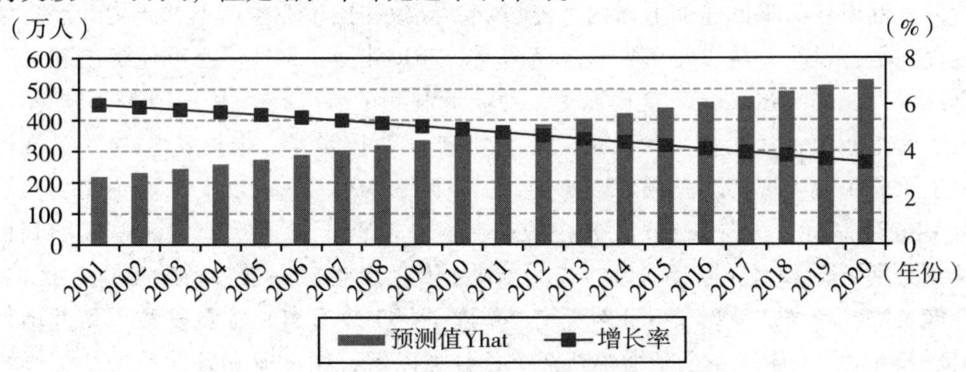

图 2－9 厦门市常住人口及增长率预测

注：常住人口预测值为左轴；常住人口增长率预测值为右轴。

2. 户籍人口：将平稳发展

从厦门市 2003～2012 年各区户籍人口机械增长率来看，这一变量容易受到经济发展和厦门市相关人口政策的影响（见图 2－10）。预测自然增长率的稳定回升这种趋势会持续下去，但是净流动则将受到厦门市未来相关政策的影响。

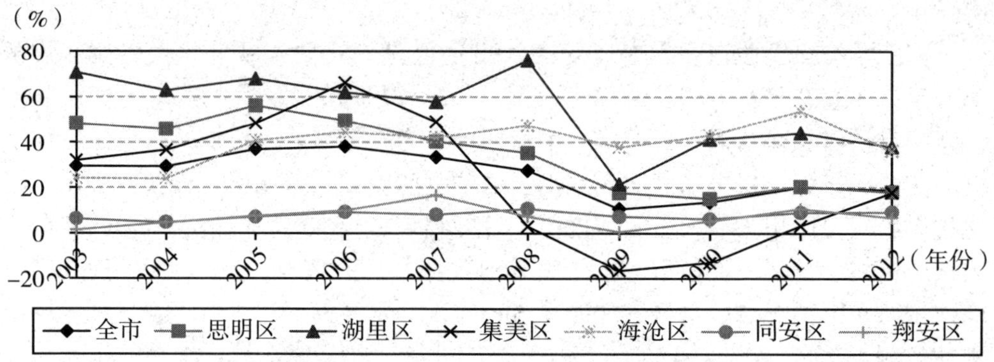

图 2－10　厦门市各区户籍人口机械增长率（2003～2012 年）

资料来源：《厦门经济特区年鉴》（2004～2013 年）。

3. 登记暂住人口：仍然量大，但经济转型发展、创新驱动的程度将影响到登记暂住人口在厦门的发展趋势——随着经济增速减缓而减缓

从世界经济看，受欧债危机、日本地震、西亚北非局势动荡等多重因素影响，世界经济复苏步伐明显减缓，经济发展的外部环境比较严峻。从国内经济看，外部市场需求低迷加上国内产能过剩，导致中国工业生产增长乏力，经济增速存在下行风险。从厦门市自身经济来看，2013 年 1～5 月，我市经济出现了以下需要关注的问题：（1）规模以上工业企业利润下滑。1～5 月，1 658 家规模以上工业企业中，亏损企业 553 家，比上年增长 7.17%，亏损面达 33.4%。规模以上工业企业实现利润总额 85.18 亿元，下降 6.5%，规模以上工业企业利税总额 146.76 亿元，下降 0.8%，其中股份制企业利润下滑严重，利润总额和利税总额分别下降 18.1%、13.1%。（2）部分第三产业指标增幅持续低迷。运输、仓储及邮政业增加值增长 6.4%，比上季度下降 1 个百分点；批发和零售业增加值增长 6.7%，累计 4 个月增幅在 7 个百分点以下；住宿业和餐饮业增加值增长 4.3%，累计 5 个月增幅在 5 个百分点以下；社会消费品零售总额增长 7.4%，增速位于全省最后一位，低于全省增幅 6.2 个百分点。（3）房地产业增幅逐月回落。随着“国五条”厦门市细则的出台，对于抑制外地居民购房的政策效应开始显现，刚性购房需求比重增加，部分购房者理性持币观望，第二季度当月房地产业增加值累计增幅分别为48.7%、29.5%、20.6%，呈明显下降趋势，上半年全市商品房销售面积增长57.8%，比一季度下降72.1个百分点。(4) 产业结构亟待优化。从上半年厦门市税收情况分析，税收总收入增长13.6%，第三产业增长16.6%，占税收总收入比重从55.8%上升到57.3%，增加1.5个百分点。从税收结构上看，房地产业税收增长60.4%，占税收总收入比重从19.1%上升到26.9%，增加7.8个百分点；而批发零售业税收下降幅度较大，占税收总收入比重由上年同期的15.1%下滑到11.3%，下降3.8个百分点；房地产业的税收增量占税收总收入增量的85%，占地方级税收增量的88%，产业结构亟待调整优化。

综合以上因素，户籍人口将保持平均自然性增长；登记暂住人口随着较快的经济发展速度而增加，但随着经济发展趋缓后，登记暂住人口的增加也会趋缓；常住人口呈逐年增长的态势，但是持续一段时间，增长率会逐年下降。

2.4.2 从结构因素看，各类人口因素基本适应经济发展，但还存在着矛盾性

1. 从人口性别结构来看，人口性别比略微提高，出生人口性别比偏高

“六普”资料显示，厦门市常住人口中，男性人口183.22万人，占51.88%；女性人口169.91万人，占48.12%。常住人口性别比（以女性为100，男性对女性的比例）略有提高，从“五普”的107.09提高到107.83。分年龄人口性别比呈现出生人口性别比最高，随着年龄增大逐渐下降的变化规律，并在55岁左右开始低于100。其中，0~15岁人口性别比一直在120左右，男性人口大大高于女性，主要是由于全市长期偏高的出生人口性别比。厦门市出生人口性别比从“五普”的111.69提高到118.37，十年均高出正常范围（国际公认出生人口性别比正常水平103~107），长此以往会造成将来婚姻年龄段男女两性人口比例失调，给社会发展带来一定负面影响。

对策：加强宣传教育，形成强大的舆论氛围；加快发展步伐，建立有利于控制出生人口性别升高的利益导向机制；抓好优质服务，筑牢控制出生人口性别比升高的大堤；综合治理，严厉打击非法鉴定胎儿性别和选择性别的终止妊娠行为。多管齐下，坚决遏制出生人口性别比升高势头，统筹解决人口问题，为厦门市的和谐发展提供良好的人口基础。

2. 从文化结构看，文化程度不断提高，基本适应经济转型的新要求，但离厦门建立高科技人才基地要求甚远

从厦门市 6 岁以上人口受教育情况 2005 ~ 2009 年的人口抽样调查数据来看（见图 2 – 11），小学毕业及小学以下的人口占比呈下降的趋势，从 2005 年的 34. 91% 下降到 2009 年的 28. 69%；初中毕业的人口占比略有下降；高中毕业的人口占比则有所增加，从 2005 年的 18. 6% 上升到 2009 年的 19. 57%；大专及大专以上毕业的人口占比呈稳定上升趋势，从 2005 年的 11. 15% 上升到 2009 年的 17. 93%。

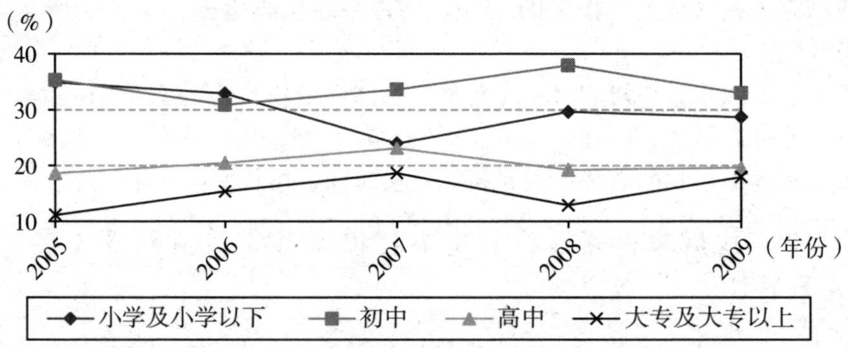

图 2 – 11　2005 ~ 2009 年厦门市 6 岁以上人口受教育情况

注：图中数据为 2005 ~ 2009 年人口抽样调查资料。

资料来源：《厦门经济特区年鉴》（2006 ~ 2010 年）。

对策：继续加大高端人才引进，提高厦门人才素质，以先进制造业、文化创意产业和现代服务业为依托，建设人才高地；同时加快社会发展急需的各类人才的培养，动员社会力量在进一步办好我市现有的各级各类高校，重点加强对民办高校的支持。

3. 从行业结构看，行业调整正在有序推进，但离转型发展新战略要求还有一段距离

“六普”资料显示，厦门市常住人口中，就业人口 250. 20 万人（根据人口普查长表数据推算，下同），同“五普”相比，增加 99. 84 万人，增长 66. 40%，年平均增长率 5. 22%。男性就业人口 140. 82 万人，占 56. 28%；女性就业人口 109. 38 万人，占 43. 72%。就业人口性别比从“五普”的 119. 10 上升到 128. 74。就业结构优化，全市第一、第二、第三产业人口占就业人口比重由“五普”的 20. 23∶42. 27∶37. 50 调整为 0. 61∶47. 03∶52. 36。第一产业就业人口比重下降 19.62 个百分点，第二产业就业人口比重上升 4.76 个百分点，第三产业就业人口比重上升 14.86 个百分点；就业人口结构调整呈现“一产下降、二产稳定、三产上升”的特点。

对策：摒弃以前的粗放型发展方式，以提高质量和效率为发展重点，逐步实现工业企业从劳动密集型向技术密集型提升。以保护环境为发展出发点，以可持续发展为发展方向，大力发展绿色环保产业。大力发展第三产业，尤其是生产型服务业，在提高第三产业的效率方面争取取得突破。

2.4.3 从空间布局看，人口密度全省最高，岛内高于岛外

“六普”资料显示，厦门市人口密度不断增大。全市常住人口密度从“五普”的每平方公里 1 312 人增加到每平方公里 2 078 人。分区域来看，厦门岛内人口密度 13 192 人/每平方公里，岛外 1 166 人/每平方公里，同“五普”相比，分别增加 5 037 人和 497 人。岛内、岛外人口密度高低差距加大，差距从“五普”的 4.6 倍扩大到 11.3 倍，岛内每平方公里的人口增幅高于岛外，说明岛外尚有较大的人口发展空间。

厦门岛内人口规模日趋饱和，未来人口增长空间主要在岛外。岛内外一体化是厦门市委、市政府提出的重要战略举措，通过实施岛内外“规划发展一体化、基础设施建设一体化、基本公共服务一体化”等举措，科学发展“全域厦门”，提升岛内，拓展岛外，实现岛内外均衡协调。随着岛内外一体化建设持续推进，以及全市海湾型城市建设的快速推进以及放宽落户岛外政策作用的发挥，岛外海沧、集美、同安、翔安等区人口增长将会加快，全市人口区域分布将更趋合理。

对策：通过实施岛内外“规划发展一体化、基础设施建设一体化、基本公共服务一体化”等举措，科学发展“全域厦门”，提升岛内，拓展岛外，实现岛内外均衡协调。在规划发展和基础设施建设方面，将适度超前建设交通、通信、供电、供水、燃气以及公共安全等方面的基础设施，大力推进岛外新城建设，提高城市管理水平；在公共服务方面，将尽快完成岛内外基本公共服务政策的修订和统一，加快形成覆盖城乡的基本公共服务体系和社会救助体系，扩大公共财政覆盖农村的范围，大力推进城乡基本公共服务均等化，在就业、教育等基本公共服务方面，充分考虑岛外和农村的需求，并适当予以倾斜照顾；在完善市政交通路网构架方面，构建大运力公交体系，在形成市域内“半小时生活圈”的同时，加强对外交通通道建设，构筑厦漳泉同城化快速通道，形成闽西南“一小时交通圈”。在基础设施建设和管理方面应该进一步解放思想，切实鼓励社会各种力量的参与。

第3章 发达国家产业结构演变与产业政策对厦门市的启示

进入2017年以来，我国经济发展“新常态”呈现稳中向好趋势，新兴业态也保持良好发展态势。复杂的国际国内经济形势要求我国在积极推进供给侧结构性改革方面，宏观政策要稳，产业政策要准，进一步发挥产业政策的导向与促进竞争功能。如何汲取先进国家的经验，少走弯路，结合本国和本地区实际实施有效的产业结构政策无疑具有重要的意义。本章将介绍和分析发达国家产业结构演变与产业政策，并分析对厦门市的启示。

3.1 产业结构演进与产业政策的相关理论

在产业结构演进理论中，配第—克拉克定理的中心内容是指出了经济发展过程中由于收入差距所引起的劳动力在三次产业间的变动规律。美国经济学家库兹涅茨在克拉克等人研究成果的基础上，从国民收入及劳动力在产业间的分布两个方面入手对产业结构演进规律做了进一步的探讨，得出以下结论：第一，农业部门即第一产业的国民收入随着时间的推移，在整个国民收入中的比重与农业劳动力占国民经济总劳动力的比重均呈不断下降的趋势；第二，工业部门即第二产业的国民收入比重基本是不断上升的，但该产业的劳动力比重则大体不变或略有上升；第三，第三产业的劳动力比重始终呈上升趋势，但国民收入的比重则大体不变或仅有小幅上升。

德国经济学家霍夫曼对产业结构中工业结构的演进规律和发展阶段进行了深入研究，得出著名的霍夫曼定律，即在工业化进程中，相对于资本资料工业净产出，消费资料工业净产值的比重是持续下降的。根据这一比例的变化趋势，他进一步将工业内部结构的演进划分为四个阶段：第一阶段，消费品工业在制造业中占有统治地位，资本品工业不发达；第二阶段，资本品工业较快发展，同时消费品工业的规模要比资本品工业的规模大得多；第三阶段，消费品工业和资本品工业的规模基本相当；第四阶段，资本品工业规模超过消费品工业。霍夫曼以后，许多经济学家对工业化过程的趋势进行了研究，修正了霍夫曼的一些理论偏差。目前，一般认为，工业化的第一阶段是“轻纺工业化”，第二阶段是“重工业化”，第三阶段是“高度加工化”，第四阶段进入“技术集约化”。从本质上看，第二产业内部的结构演进是一个产业结构高度化过程：一是以劳动密集型产业为主的轻工业化阶段；二是以资本密集型产业为主的重工业化阶段；三是技术密集型产业不断提高的高加工度化阶段；四是各工业部门越来越多地采用高级技术，产生以知识技术密集型为特征的尖端工业兴起的技术高度密集化阶段。

美国经济学家罗斯托提出了“主导产业扩散理论”和“经济成长阶段理论”，一个国家或经济体之所以能够保持持续的经济增长，主要是源于主导产业规模的迅速扩大，并影响其他产业，即产生了扩散效应。美国经济学家钱纳里运用库兹涅茨的方法，对产业结构变动趋势进行了更深层次的研究，揭示了制造业内部结构的转换是由于产业间存在着产业关联效应而引起的。他发现，制造业的发展主要受到人均 GDP、需求规模和投资率的影响，找出了在不同经济发展时期对经济发展起主要促进作用的产业。

在日本的产业结构理论中，最初是李嘉图的比较优势理论认为各国都应该生产和出口有相对优势的产品。筱原三代平在他的基础上提出了“动态比较费用学说”，他认为产品的比较成本是可以转化，并能形成动态比较优势。他支持“扶持幼小产业说”。筱原三代平还提出了“收入弹性基准”和“生产率上升基准”两个基准，他认为，按照收入弹性基准，应该优先选择收入弹性比较大的产业作为主导产业，并重点进行发展；按照生产率上升基准，应该选择技术进步率较高的产业作为主导产业，并重点进行发展。筱原三代平认为，一个国家平衡发展所有产业是不可能的，必须重点发展能够对其他产业产生重大影响的产业，而重工业的产业关联效应较大，在经济发展过程中应优先重点发展。筱原三代平提出的理论对 20 世纪日本政府制定经济计划和经济政策有着积极的指导作用。

佐贯利雄在对日本制造业各部门发展的实际过程进行研究后发现日本产业结构迅速实现高度化的秘诀在于先后出现的电力、石化、汽车家电等主导产业。这些战略产业在不同的经济发展阶段优先发展，在生产、销售、出口等方面有效发挥了产业关联效应和技术关联效应，带动了日本制造业的高速发展，使日本产业结构得到不断的优化和升级。小宫隆太郎等（1984）批判性地总结了日本产业政策的经验和教训。他们运用了新古典经济学的分析框架，认为在市场失灵的条件下，可以考虑运用产业政策来加以弥补；但是，即使在市场失灵的情况下，也不等于简单地用政府的产业政策去纠正；因为政府调节本身的成本很高，有副作用，即政府失灵，所以，问题的关键是，怎么解决好市场失灵和政府失灵，怎么把政府和市场结合起来，使得产业政策起到提升市场功能的作用。

产业结构演进是理解发展中国家和发达国家经济发展模式区别的核心概念之一，也是发展中国家加快经济发展的本质要求和向发达国家转变的重要指标（钱纳里等，1989）。

通常意义上的产业结构是指经济体内部三次产业之间的比例，产业结构演进的来源包括两个方面的内容：一是指各个产业之间由于技术水平、需求弹性和人力资本存量等方面存在本质区别，因此在经济发展过程中由客观经济条件发生变化而导致产业结构改变，这是一种随经济发展而产生的自然的变化；二是指在经济体的不同发展阶段，由于需要不同的主导产业来推动国家经济发展，伴随着主导产业更替进而影响到一国生产和消费的各个方面，继而对产业结构造成冲击，这在新兴工业化国家和新兴经济体表现得尤为明显，它一般是人为实施产业结构政策的结果。产业结构演进的表现也包括两个方面的内涵：一是通常意义上所说的三次产业结构比例，产业结构变迁就表现为三次产业结构比例的调整，经济体由第一产业向第二、第三产业逐步发展正是经济发展阶段高级化的重要特征之一；二是指各次产业内部，特别是第二、第三产业内部各个行业之间比例的变动过程，如第二产业内部轻工业和重工业的比例调整，第三产业内部传统服务业和现代服务业比例的调整（干春晖等，2011）。

3.2 发达国家产业结构的演进与产业政策

本节将介绍日本、韩国、美国的产业结构演进与产业政策的基本情况和各自的特征。选取这三个发达国家的理由是：日本是第二次世界大战后从中等收入国家进入到高收入国家行列的代表；而韩国则是第二次世界大战后从低收入国家进入到高收入国家行列的代表；美国则是 19 世纪 90 年代以来世界最大的经济体。另外，日本、韩国和我国同为东亚国家，它们的经验对我们可能更具借鉴意义。

3.2.1 日本产业结构的演进与产业政策

日本是世界上最早关注产业结构和制定实施产业政策的国家之一。早在第二次世界大战之前，应用产业政策干预经济发展的思想与政策行为就已经出现，[①] 第二次世界大战之后，日本经济遭受重创，再加上本身资源条件的限制，经济发展十分困难。但是日本政府通过制定一系列有针对性的产业政策对经济进行干预，并与市场机制有效结合，根据经济发展的目标和市场需求，实现战后经济的复苏，振兴和高速发展。图 3－1 为日本战后主要的产业政策。

经历了第二次世界大战后 20 多年经济从振兴到高速发展之后，日本第三产业比重在 20 世纪 70 年代末已开始超过 50%，至此日本开始进入后工业化阶段。进入这一时期，日本产业结构日渐不合理的现象逐渐浮现，国内外很多学者对此相继提出了产业空心化的概念。20 世纪 80 年代“产业转移空白说”认为，进入后工业化阶段以后，发达国家向发展中国家进行了大规模的产业转移，但这一过程中其新兴产业的发展不能及时弥补衰退产业移出造成的空白，并由此造成了发达国家的产业空心化。90 年代日本经济泡沫破裂之后，再加上产业空心化的问题日益严重，日本经济进入下行通道。产业结构上，以制造业为代表的第二产业在国民经济中的比重长期迅速下降，而第三产业的比重长期大幅上升，而第三产业的发展并未有效的弥补第二产业的下降，随后日本经济增长乏力陷入长期的低迷，在之后的 20 年里，第二产业大幅下降了 10%，被称为失去的二十年。

多数学者的研究已经表明（小宫隆太郎等，1984），日本产业结构变迁基本按照由第一产业向第二产业，并最终向第三产业发展的典型过程。从产值来看，日本 1955 年第一产业占 GDP 的比重高达 19.9% 左右，而到 2009 年，这一数字则为 1.1% 左右，到了 2015 年基本仍然维持在 1.1% 左右；第二产业的比重从 1955 年的 37.3% 上升至 1973 年的最高点 46.7%，随后呈现下降态势，2009 年降为 27.3%，之后缓慢回升，2015 年回升至 28.6%；第三产业的比重则一路上扬，从 1955 年的 42.8% 上升至 2009 年的 71.6%，至 2015 年略降为 70.3%。而从就业人口来看，工业化和第三产业化过程更加明显。第一产业就业人口占总劳动人口的比重从 1953 年的 39.8% 下降至 2010 年的 4.1%，第三产业就业人口比重从 1953 年的 35.8% 上升至 70.9%，而第二产业就业人口比重同样呈现先升后降态势，从 1953 年的 24.3% 上升至 1973 年的 36.6% 随后下降至 2010 年的 25.1%。概括来说，日本产业结构变迁与其他发达国家一样遵循第一产业下降第

① 查默斯·约翰逊：《通产省与日本奇迹——产业政策的成长（1925—1975）》，吉林出版集团 2010 年版。

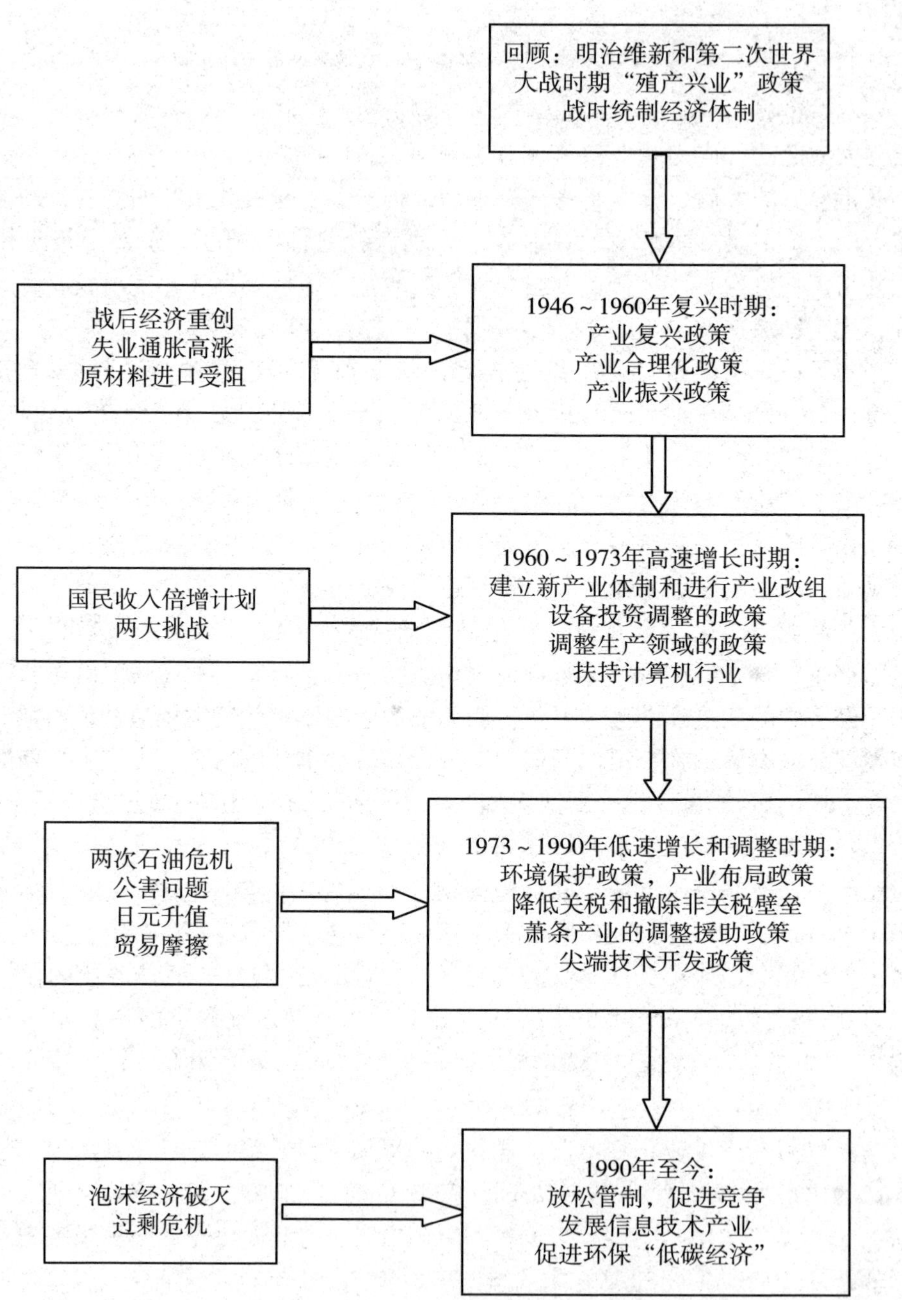

图 3－1　日本战后主要的产业政策

资料来源：小宫隆太郎、奥野正宽、铃村兴太郎，《日本的产业政策》，东京大学出版社 1984 年版。

三产业上升、第二产业先升后降的规律；但是从 2000 年开始，第二产业比重的下降趋缓，2009 年之后开始略有回升（见图 3－2）。

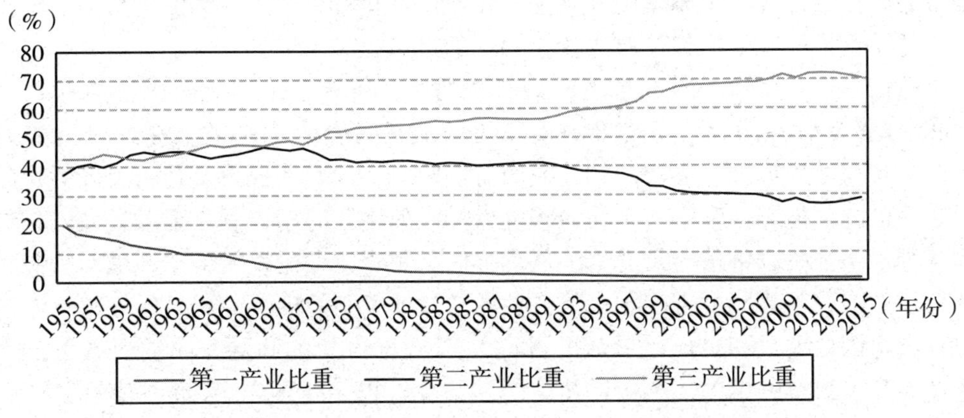

图 3－2　1955～2015 年日本产业结构的演变

资料来源：根据日本总务省统计局网站整理，http：//www. stat. go. jp。

日本产业结构变迁与其制定和实施产业政策关系密切。日本是政府主导型的经济体制，战后日本各阶段产业政策的制定与实施，都是根据当时的国际经济发展的趋势并结合本国的实际情况，针对市场机制运行存在的缺陷，在选定不同时期的战略性主导产业之后，再利用政府对资源有选择的重点配置，通过一系列配套的政策措施，推动各时期主导产业的迅速发展，充分发挥主导产业对相关产业的前、后向关联效应，带动相关产业的发展，推动产业结构优化升级，进而推动整个国民经济迅速发展。产业政策尤其对战后日本经济的复兴和高速增长起了重要的作用，70 年代以后，随着日本市场经济的逐渐成熟与民间企业的成长壮大，也为了顺应世界经济发展的潮流，作为政府干预手段的产业政策的作用和影响力逐渐减弱，政府产业政策的实施手段从直接介入逐渐转入间接指导，以提供信息和培育市场环境为主要方式，引导企业的发展方向。

纵观日本战后产业政策的实施过程，其积极作用值得充分肯定：日本产业结构政策在主导产业的选择与培育和产业结构的转换方面发挥了重要作用，保证了日本赶超型战略任务的胜利完成；日本产业组织政策在处理垄断与竞争的关系上，在促进大企业的规模经济效益以提高日本国际竞争力和协调大企业与中小企业之间的关系保持国内市场竞争活力等方面发挥了重要作用，促进了社会生产力的合理组织；日本产业技术政策在促进技术开发与技术创新方面发挥了重要作用，提高了日本整体科技水平，为日本跻身于世界科技强国、世界经济强国的地位作出了重要的贡献；日本产业政策在弥补和修正市场机制的缺陷与不足方面发挥了重要作用，为市场经济条件下如何保持市场竞争活力的同时实行社会自觉干预提供了重要经验；日本产业政策在促进社会生产力发展的同时，也在协调社会经济关系方面发挥了重要作用，保证了日本工业化进程中的社会安定，真正体现了产业政策促进经济增长、提高社会福利的最终目的。

然而，产业政策本质上是政府对经济的干预行为，也不免会出现“政府失灵和缺陷”，战后日本产业政策的推行也造成了许多负面影响。在经济追赶时期，一切为了发展和振兴经济，产业政策的弊端在政府的强力干预和市场力量的弱小面前得以掩盖。事实上，在经济复兴和高速增长时期，复兴金融公库的扩展和各种价格补贴政策曾导致严重的通货膨胀；重化工业的发展带来环境污染和生活质量的恶化等诸如公害问题；保护性的贸易政策引发广泛的贸易摩擦；日本政府官员、国会议员和企业界形成的被称为“铁三角”的利益集团的游说可能导致产业政策执行的偏差，影响产业组织的转变，以至于国内市场环境垄断盛行、竞争不足的局面长期难以改变；对特定产业的选定上也容易滋生寻租和腐败行为等。在追赶任务完成以后，产业政策的缺陷主要表现在政府与企业的特殊关系上。习惯于在产业政策保护下谋求发展的日本企业，在经济不景气或市场条件不充分的情况下，表现出了对政府的依赖性，体现出企业重扩张轻收益的倾向。在经济全球化、自由化、市场化背景下，逐渐成长壮大的企业强烈要求政府放松管制，减少干预，强调以市场竞争机制来增强经济活力。但由于政府主导型的经济体制，修改产业政策所需的民主程序及政策实施的滞后性，使政府与企业都难以迅速应对新形势的变化，产业政策措施难以推行甚至与政策的目标相距甚远。特别是一些产业政策上的失误，是造成20世纪90年代以来日本经济长期处于低迷状态的主要原因。比如长期以来对重点产业的扶植，使日本产业经济收益率严重失衡，贸易摩擦使日本经济长期处于日元升值的压力之下，促使日本企业扩大海外直接投资，使国内“产业空洞化”现象更加严重，失业问题日益严峻。再如，在产业技术政策方面，政策制定者过于自信而使日本长期忽视基础科学研究，在计算机产业方面重硬件生产、轻软件开发，导致在90年代末的新技术革命中，日本的信息技术严重落后于美国。

3.2.2 韩国产业结构的演进与产业政策

韩国的产业结构调整比日本稍晚一些，韩国政府在1962年、1967年和20世纪80年代分别提出了“重点发展轻工业”“重化工业化”“产业结构高级化”等政策目标。这些政策对韩国产业结构转换起到了重要的协调和促进作用。由于韩国的经济很大程度上受到日本的影响，许多产业政策与日本的相似，但是，由于两国的国情不同，韩国的产业政策也具有自己的特色。

韩国政府具有干预和支持产业发展的传统。政府的政策支持可以推进传统产业的改造升级和高新技术产业的快速发展。韩国政府参与产业发展的一个重要表现之一，是制订各种产业和技术发展计划，创造有利于产业和企业发展的政策环境和市场环境。特别是20世纪80年代以后韩国政府先后提出了“全国研究开发特别计划”“产业技术开发计划”“尖端产业发展五年计划”“高技术及其产业发展年度计划”“先进国家计划”“2000年生物技术计划”等。除了这些国家计划外，还有许多部级的发展计划，如“产业基础研究计划”“信息与通信技术开发计划”等。这些计划都十分重视技术创新在改造传统产业和发展新兴产业中的作用。

产业政策随着时代和技术的变迁不断调整，初期以支持大企业为主，后期以支持竞争为主。韩国的产业政策从一开始都把发展外向型经济作为重点。20世纪六七十年代，政府有意识地发展大企业，重点扶植重化工业。韩国政府把推动财团的发展作为实现工业化和赶超发达国家的关键途径。韩国政府认为，要发展外向型经济，必须拥有可以作为经济引擎的大财团，才能在国际市场上同国外公司抗衡。如果仅凭市场自由竞争，难以形成财团，即使形成，也不一定符合政府的产业目标。为此，政府通过制订和实施一系列国家计划，对大财团发展的方向和重点实行强有力的指导，有计划地指导企业合并、重组，形成规模经济，实行保护民族工业政策，为财团成长提供可靠的产业安全保障等措施，

20世纪80年代以后，政府政策逐步转向鼓励竞争，重点扶持中小企业，促进反托拉斯和公平贸易、加强知识产权的保护和重视研究开发及人力资源的开发。私营部门特别是中小企业和行业协会的作用也开始得到充分的发挥。例如私人半导体产业在很大程度上替代了公共研究所。由政府倡导的数字转换技术通过KTA、ETRI和4家私营制造商的战略联盟开发，政府主要充当协调人的作用。几年来，私营部门的研究开发逐年增长。众多的行业协会在政府与企业之间起着重要的桥梁和沟通作用。韩国不同性质的行业协会和其他民间机构进行企业服务和政府沟通，协助政府制定相关的政策措施，并为企业创造服务环境。

韩国政府通过制定若干法律，保障产业技术政策的顺利实施、建立并加强政府研究机构，使其成为产业技术进步的重要力量。政府主持或参与各种组织，推进产业技术进步，提倡产、学、研合作研究开发。加强技术管制，提高产品质量，健全和完善知识产权保护和交易制度，保障研究人员和研制单位的经济收益，鼓励人们参与技术发明与革新活动。对于技术创新，政府给予税收鼓励和财政支持。鼓励企业技术进步，增强企业消化、吸收及创新能力。政府通过免税、特别折旧、财政补贴、提供长期低息贷款以及政府采购等鼓励措施，积极培育企业从事技术开发的内在动力。无论是造船业还是半导体产业，在初期，它们的快

速发展都离不开资金和税收政策的支持。此外，政府利用其特殊的地位及影响力，利用科学技术处及有关科研管理部门，协调国家兴办的科研院所着重开展各专业领域的科研工作，协调组织跨专业、跨部门、跨产业的技术研究开发工作。日趋完善的国家创新体系，使韩国可以执行连续、系统、明确的产业和技术政策，以促进经济的快速健康发展。

韩国被认为是依靠出口导向型产业政策推进经济增长的一个典型国家。韩国产业结构调整的初期以确立自立经济为目标，强调产业的进口替代，但是不久碰到外汇短缺、国内市场狭小等障碍，迅即转向出口导向型工业化。为扶植出口产业，韩国政府实施了各种出口支援政策，健全对出口的奖励补偿制度，制定出口与工业化相结合的产业政策，而其他的经济政策围绕产业政策展开。这样的产业政策促进了国内企业进入国际市场，增强了产业的国际竞争力。在20世纪60年代后期至70年代初，为培育重化工业制定了一系列的法规，使产业政策法律化。

1953年，韩国的第一、第二、第三产业的比重分别为48.2%、11.5%和40.3%，那时韩国还是以农业生产为主的国家。之后第二产业快速发展，1973年第二产业的比重上升为29.5%，首次超过了第一产业的26.4%，1991年达到了最高点40.2%，之后稳定在40%左右。第三产业比重于2008年达到了最高的61.2%之后，稳定在60%左右（见图3－3）。1953年还是一个农业国的韩国，从一个低收入国家进入到高收入国家行列，经历了第二产业和第三产业的快速发展，尤其是第二产业的高速发展。但是进入到高收入国家之后，第二产业和第三产业比重趋稳，2009年以后，第二产业的比重还略有上升。

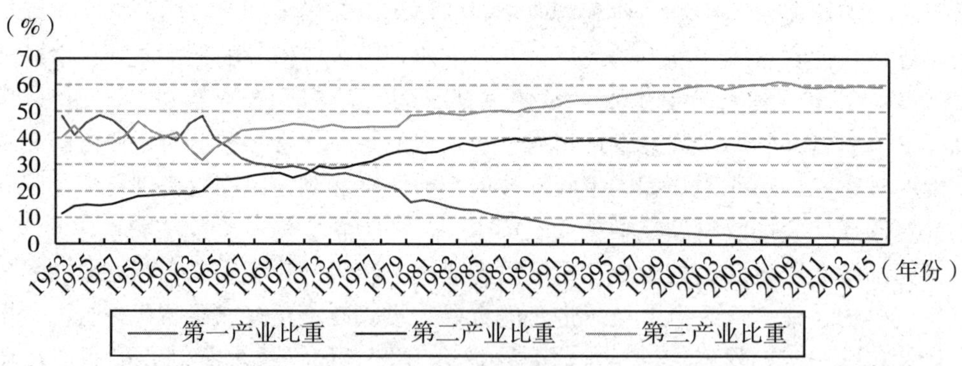

图3－3　1953～2016年韩国产业结构的演变

资料来源：根据韩国国家统计局网站相关数据整理，http：//kostat. go. kr。

总体上看，自20世纪60年代以来，韩国根据本国经济发展的需要，不断调整其产业政策和产业结构，从一个贫穷落后的农业国一跃成为新兴工业国，创造了世人瞩目的汉江奇迹。虽然在1997年的金融危机中受到重创，但经过调整与改革又迅速走上了经济复兴之路。可以说，韩国经济发展的巨大成就，很大程度上得益于政府的产业政策导向。其成功表明，政府为扶植主导产业发展而采取倾斜性的政策保障，有助于推动整个国家产业结构的升级和工业化进程，从而增强产业的国际竞争力。

但是，在看到韩国产业政策成功的一面的同时，也应当注意到它的另一面。韩国最初在产业结构调整中采取政府与大企业联盟的方式，政府对企业过度干预，不利于企业长期发展，同时使政企关系密切，导致韩国腐败严重。韩国政府后来认识到中小企业的作用，制定了许多政策来鼓励中小企业的发展，但是由于大企业在经济生活中的强大影响与力量，政府难以摆脱原有的模式，制定的政策不能完全被实施，中小企业的促进政策只产生了极为有限的效果。

3.2.3 美国产业结构的演进与产业政策

美国是第二次世界大战之前就已经完成工业化进程并开始进入后工业化阶段的传统工业化国家。20世纪六七十年代的美国，传统的东北部和中西部制造业基地急剧衰落，出现了普遍性的工厂倒闭、失业率增加等问题，其在全美经济中的地位不断下降。在石油危机等因素的冲击下，美国出现了全国性的制造业投资停滞、失业率上升、出口产品竞争力下降及对外贸易逆差恶化等问题。

美国前总统里根在20世纪80年代提出了“80年代的经济增长与稳定战略”及“经济复兴纲领”等一系列以供给学派理论为依据设计的再工业化计划。该政策的主要内容包括：通过减税和政府补贴等财政政策直接帮助陷入困境的传统制造业部门，增加对新技术和新兴产业部门的投资，干预汇率以及后危机时代美国的再工业化。

20世纪90年代开始，随着信息化进程带来的经济增长和失业减少，美国的产业结构空心化问题一度被忽视。2008年美国金融危机爆发后美国虚拟经济泡沫破裂，产业空心化问题也被认为是造成美国虚拟经济不断膨胀并导致危机爆发的主要根源。对此，美国政府决定实行新的再工业化战略。当时美国的再工业化是改造提升传统产业和保持新兴产业竞争优势的结合。即一方面，通过先进科技改造趋于衰落的传统制造业部门，帮助其恢复活力，并借此扩大就业和出口，这是美国新型再工业化的基础；另一方面，通过科技创新扩大美国在新兴产业领域的竞争优势，以获得美国经济长期增长的动力，这也是美国新型再工业化的重点。其主要内容包括改善制造业发展环境、推动新兴产业发展、增加科技研发投入、支持中小企业发展，以及提高产品出口能力等诸多方面。

1947 年美国实际 GDP（2009 年的 CPI = 100）为 0. 25 万亿美元，其中私人部门为 0. 22 万亿美元（占 86. 5%）；2009 年美国实际 GDP 为 14. 42 万亿美元，其中私人部门为 12. 35 万亿美元（占 85. 7%）；2016 年则为 18. 57 万亿美元，其中私人部门为 16. 18 万亿美元（占 87. 1%）。1947 ~ 2016 年，私人部门和政府部门在 GDP 中所占份额基本保持稳定（私人部门约为 83. 1% ~ 88%）。

美国三次产业占 GDP 比重的变化，由于政府部门占比稳定在一定比重区间，这里仅对私人部门的三次产业占比情况进行分析。1947 年，私人部门 GDP 约为 0. 22 万亿美元，第一、第二、第三次产业所占比重分别为 9. 2%、37. 8% 和 53%；2009 年，美国私人部门 GDP 中，第一、第二、第三次产业所占比重则分别变为 1. 1%、23% 和 75. 9%；2016 年，美国私人部门 GDP 中，第一、第二、第三次产业所占比重又分别变为 1%、21. 7% 和 77. 3%。1947 ~ 2016 年，第一产业在 GDP 中所占比重呈下降趋势，60 年代下降至 4%，1986 年开始低于 2%；第二产业比重亦呈下降趋势，1989 年前在 30% 以上，90 年代以后逐年下降，从 1990 年的 29. 7% 降到 2009 年的 23%，到了 2016 年则降至 21. 7%；第三产业比重则呈逐年上升趋势，在 1970 年升至 60% 以后，1992 年突破了 70%，之后逐年增加，2016 年增加至 77. 3%（见图 3 – 4）。

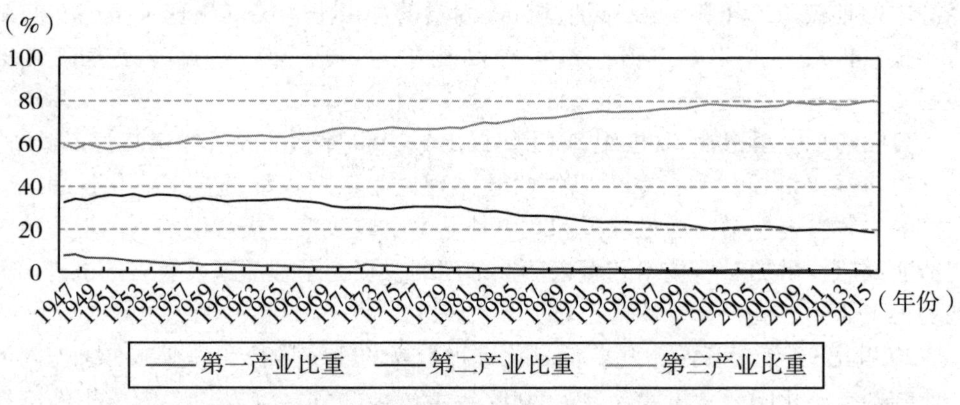

图 3 – 4　1947 ~ 2016 年美国产业结构的演变

资料来源：根据美国经济分析局网站相关数据整理，https：//www. bea. gov/industry。

产业的兴衰交替，构成了产业结构调整与优化升级的过程。美国政府对于产业结构调整的政策介入，也是围绕衰退产业转型与新兴产业培育而展开的。美国对衰退产业的调整政策和对新兴产业的促进政策大多是隐含在众多经济政策中进行的，主要有技术创新、劳动力转移及人力资源开发、进口与贸易保护等几个方面。

1. 以法律手段援助衰退产业劳动力转移及人力资源再开发

美国联邦政府在产业结构调整过程中，根据“通商改革法”和“贸易扩大法”等基本法规制定了一系列援助性、普遍性的法律，为失业者救济和重新就业培训提供必要的资金支持，包括1962年的“劳动力开发训练法”、1972年的“综合就业训练法”、1980年的“职业培训合作法”等。同时，联邦政府制定了针对特定衰退产业调整援助的专门法律和各种临时性调整援助计划，例如20世纪六七十年代先后制定的“地区性铁路改造法”“地方性铁路重新组织法”“公共汽车预算调整法”“航空改变政策法”等，也涉及失业人员培训再就业的内容。

2. 科技创新国家战略与“再工业化”产业技术创新推动制造业振兴

20世纪70年代以来，美国制定和颁布了20多部科学技术创新法律，通过机构设立、知识产权许可、鼓励合作研发、税收优惠等方式不断激励技术创新和促进技术转移。进入21世纪，美国政府将加强创新和创业作为优先政策，其各时期政府的经济政策大多通过普适性或基础性技术研究、基础设施建设和教育的进步，推动先进技术和创新主体的产生，营造适合创新技术传播和推广应用的环境和基础，从而对其他多产业、技术形成影响，带动整个产业经济的发展，获得长期的动态效率增长。金融危机之后，面对新一轮国际科技、产业竞争机遇和挑战，美国反思其产业政策和经济结构，重振“美国制造”，推动能源、网络、信息技术等制造业关键技术领域创新，以此来刺激经济、重新恢复经济竞争力。其“再工业化”的要义不是简单的再度工业化，使美国经济返回劳动密集型和资源要素型的低端增长模式，而是大力发展高附加值的制造产业，以技术创新来改造传统制造业，建立新产业部门，创造新经济增长点，增加就业。

3. 国内市场秩序管制与出口贸易促进

对于国内贸易市场，美国进行的市场秩序管制包括国内市场管制和贸易保护。美国国内市场秩序管制最典型的是农产品市场秩序管制。例如美国联邦和州共同管制了95%的新鲜橘类和80%的牛奶。在贸易保护方面，美国虽然历来标榜推进全球化自由贸易，但其自由化贸易主要是针对具有较高国际竞争力的高科技产业而言的。对于纺织、农产品等衰退产业，美国政府将其贸易保护政策溶进了外交政策之中，设立进口配额、高关税等保护措施，频繁使用非关税壁垒等策略性贸易保护。对外出口贸易，美国推进一系列推进促进出口的政策。2010年，美国政府宣布实施“出口倍增计划”（National Export Initiative，NEI），随后陆续出台“2010 年总统贸易政策日程”“总统出口管制改革倡议的情况说明”“就国家出口倡议致总统书”等文件，公布贸易救济措施 14 条建议，创建出口促进内阁（Export Promotion Cabinet），组建总统出口委员会，改善政府行政职能，设立一站式出口促进服务点，向潜在出口商提供更多的支持和资源，努力开辟新市场，以“全球经济再平衡”为由向其他国家施加汇率压力。2012 年，奥巴马签署行政命令成立跨部门贸易执法部门（Interagency Trade Enforcement Center），专门保护认为在国际贸易中受到不公平待遇的美国企业。2013 财年预算方案加大对贸易促进机构的拨款力度。这些政策是美国在全球自由化贸易的旗帜之下，凭借具有较高国际竞争力的高科技产品等出口贸易抢占全球市场份额和占据产业链高端的重要战略。

4. 促进中小企业发展

与大企业相比，中小企业在资金、技术和人才等方面处于劣势，而同时又在解决就业和实现社会公平等方面客观上分担了政府的职责。在产业结构调整过程中，很多老工业区的中小企业发展滞后，经济严重依赖少数大企业，普遍缺乏独立从事经济活动的传统和能成功经营企业的人才，在转型过程中出现严重的失业问题。因此，美国政府将发展中小企业作为其产业转型政策的重点之一。1953 年，美国国会通过了《小企业法案》。这是专门保护小企业的法律。根据这一法律，政府专门成立了为小企业提供融资、经营、技术、法律等方面服务的小企业管理局，并一直延续至今。美国小企业政策最主要的特点是把发展小企业作为抑止垄断与维持竞争的一种手段，在政府采购和资助研究开发等多方面对小企业采取倾斜政策。

美国产业调整政策的特点：在干预层次上，美国实施的是经济活动自由度比较大的自由市场经济模式，崇尚自由竞争，多以财政政策、税收政策和信贷政策为主从宏观上间接调控经济，为市场机制的自我调整和完善过程创造良好的经济环境，进而依靠健全的市场机制有效促进衰退产业中的物质资本向新兴产业转移，最后达到改善产业结构的目的；在政策实施上，美国对于衰退产业的产业调整政策以技术促进和劳动调整为主，对于新兴产业的政策重心更多在促进高技术研发。即使是“再工业化”制造业复兴也是以大力发展高附加值的制造产业，辅之以资金补贴、优惠信贷和减免税收、支持和鼓励风险企业的建立等鼓励和促进措施，改造和提高劳动密集型和资本密集型产业的技术水平进而影响传统产业的生产要素构成，形成新的产业部门；在实施对象上，对于衰退产业，美国强调以行业为整体进行援助。对于新兴产业的培育，美国更多强调国家战略营造创新环境和创新基础，从创造一个动态效率发挥的外围环境入手，通过普适性或基础性技术研究、基础设施建设和教育的进步，营造充满活力和动态的产业发展基础，从而推动先进技术和创新主体产生，并对其他多产业、技术形成影响，获得长期的动态效率增长。同时，强调促进中小企业发展，营造自由竞争市场环境。

3.3 发达国家产业结构演进与产业政策对厦门市的启示

关于如何界定产业政策以及产业政策是否有效的讨论已经持续了二十多年，至今尚无定论，但是，产业政策的实践在一些国家是确实存在的。对于先进国家来说，由于其市场体制的发展已经十分完善，其产业结构特征很大程度上是由市场本身的供求结构来决定和调整的，所以其产业结构的演变往往不具有可选择性，但是发达国家也会实施相关的产业政策，产业政策的实施是围绕衰退产业转型与新兴产业培育而展开的，对衰退产业的调整政策和对新兴产业的促进政策往往大多是隐含在众多经济政策中进行的。而对于后进国家来说，由于其市场的不完善以及在竞争中处于不利地位，一些经济学家认为，其后发优势的发挥需要产业政策的有效扶持，才有希望在经济上赶超先进国家。如何汲取先进国家的经验，少走弯路，结合本国和本地区实际实施有效的产业结构政策无疑具有重要的意义。

一个国家和这个国家的一个地区（或城市）在产业政策的制定和实施上是有所区别的。但是因地制宜地借鉴有些发达国家在曾经的赶超阶段的一些产业政策实施的经验和教训（比如日本和韩国），学习和借鉴现有发达国家制定和实施产业政策经验和教训（比如美国），仍然是有益的。

3.3.1 厦门市产业结构的现状和问题

1. 厦门产业结构变迁与其他发达国家一样呈现遵循第一产业下降、第三产业上升、第二产业先升后降的趋势，但是第三产业的发展还远远不够

厦门产业结构变迁基本按照由第一产业向第二产业，并最终向第三产业发展的典型过程。从产值来看，厦门1950年第一产业占GDP的比重高达29%左右，而到2016年，这一数字仅为0.6%左右；第二产业的比重从1950年的29%上升至1973年的最高点59.1%，随后呈现下降态势，2015年降为43.6%，2016年则降为40.8%；第三产业的比重则一路上扬，1950年的比重为42%，2015年上升至55.7%，2016年则进一步上升至58.6%。概括来说，厦门产业结构变迁与其他发达国家一样遵循第一产业下降第三产业上升、第二产业先升后降的规律。

但是，第三产业比重，不仅远不及日本和美国的70%以上，而且还没有达到韩国的60%以上水准。作为一个城市，一般而言，它的第三产业的比重要比一个以国家为单位的经济体要更高一些，从这一点上看，厦门的第三产业发展有更大发展的空间，更长的道路要走。

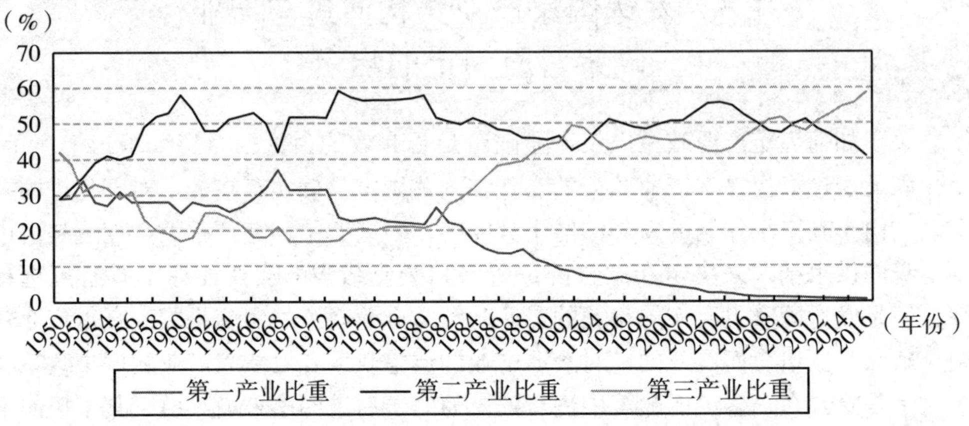

图3－5　1950～2016年厦门市地区生产总值构成

资料来源：《2017年厦门经济特区年鉴》。

2. 第二产业的内部结构需要进一步高度化和优化

研究一国或一个地区产业结构变迁历程，除了需要对三次产业结构有一个大致的了解外，还有必要深入各个产业结构内部分析每个产业结构的变动过程。先来看一下1950～2016年厦门第二产业内部细分产业演变。

在第二产业中，工业的比重在2004年达到了1984年的最高值92.7%，之后总体上呈下滑趋势，2008年为82%，之后趋于平缓，2016年略升至84.8%（见图3－6）。第二产业的发展应该主要靠工业的发展来带动，尤其是对厦门市这样一个城镇化率很高的地区尤为重要（2016年厦门市的城镇化率为89%）。

从三个产业的对增加值的贡献率来看，第二产业和第三产业的贡献率交替上升，但是自从2012年第三产业的贡献率超过第二产业之后，两个产业的贡献率的差距有拉大的趋势。尽管第二产业占GDP的比重一直在40%以上，但是从2012年起，第二产业的贡献率有下降趋势（见图3－7）。厦门市统计局没有公布工业中制造业内部结构的相关数据，但是根据第二产业占GDP的比重一直在40%以上，而贡献率却已经低于20%的现象来分析，原因应该是工业这些年的增速在相对减缓，而增速的相对减缓的一种可能是高端制造业的比重不高造成的。

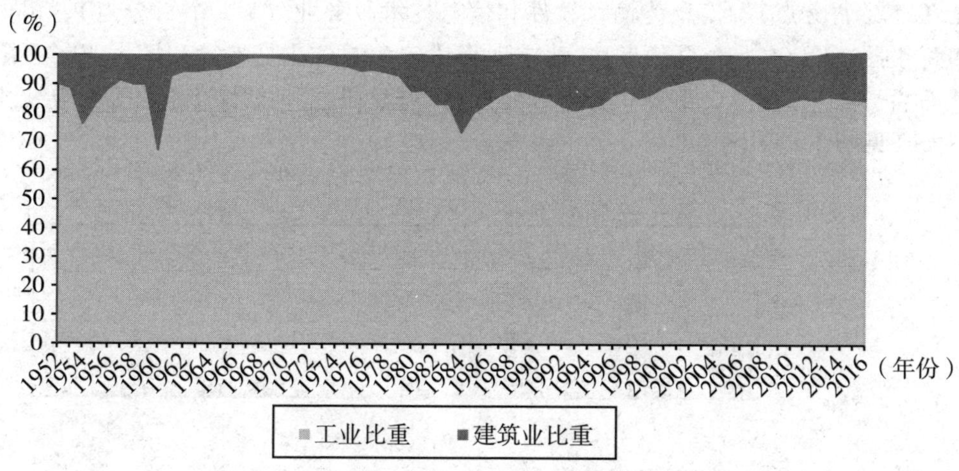

图 3－6　1952～2016 年厦门市第二产业构成

资料来源：《2017 年厦门经济特区年鉴》。

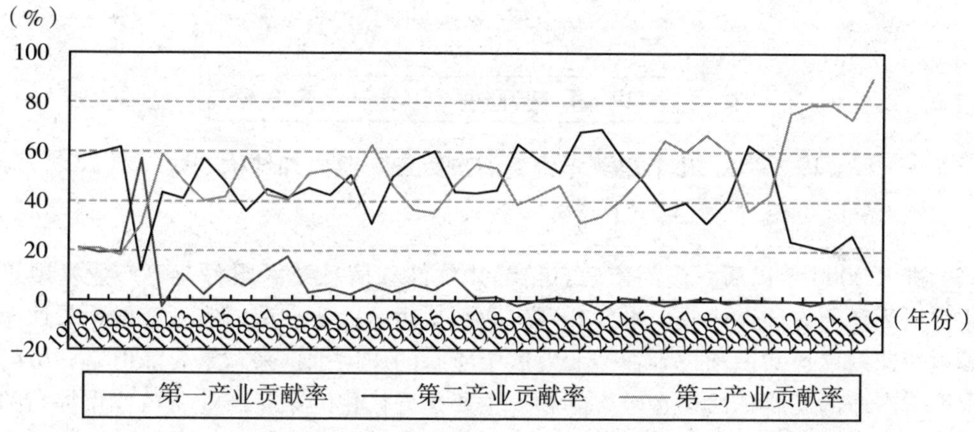

图 3－7　1978～2016 年厦门市三次产业点经济增长贡献率

资料来源：《2017 年厦门经济特区年鉴》。

3. 第三产业的内部结构需要进一步高度化和优化

从厦门市的第三产业内部结构看，金融业占第三产业的比重最高，2016 年达到了 18.5%；批发和零售业排名第二，比重为 16.8%；交通运输、仓储和邮政业的比重为 12.8%；文化、体育和娱乐业，卫生和社会工作，科学研究和技术服务业，水利、环境和公共设施管理业等行业的比重都在 3% 以下。从 1978～2016 年的结构变化看，比重提高的行业包括金融业（13.1 个百分点）、房地产业（11个百分点）、信息传输、软件和信息技术服务业（5.1个百分点）、租赁和商务服务业（4.6个百分点）；比重下降比较大的行业是批发和零售业（下降25个百分点），教育（下降6.9个百分点）；科学研究和技术服务业等行业变化不大（见图3-8）。

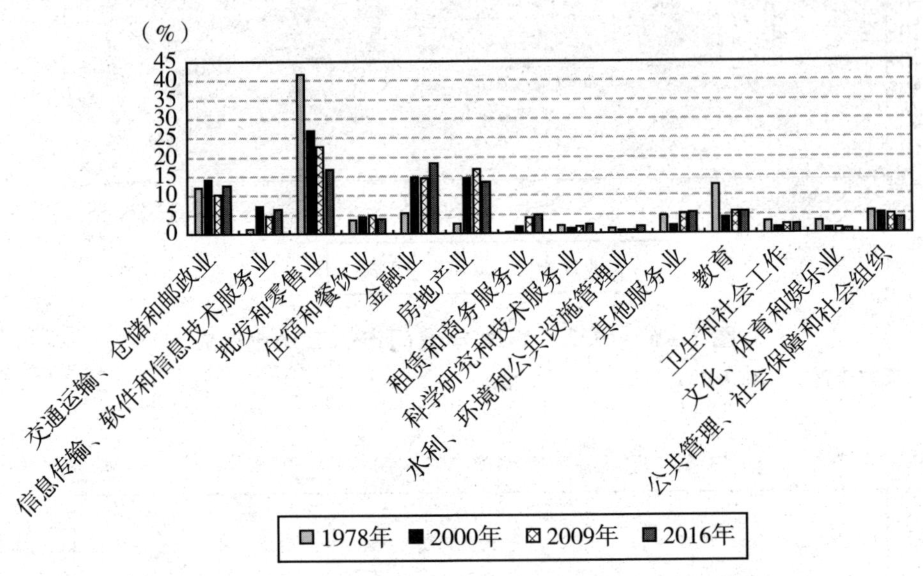

图3-8 几个重要年份厦门市第三产业内部结构变化

资料来源：《2017年厦门经济特区年鉴》。

进入2000年以后，厦门市信息传输、软件和信息技术服务业等产业发展迅速，成为新的支柱性产业，批发和零售业、交通运输业、房地产、金融、餐饮业等也快速发展，知识和技术在产业发展中所起的作用也越来越重要。但是，厦门市第三产业的发展仍然存在较多问题，主要是现代化的第三产业所占比重提高的速度还有待提高，并且现代化的第三产业存在少数国有企业垄断问题，有严格的进入壁垒，导致第三产业结构升级受限。

3.3.2 发达国家产业结构演进与政策对厦门市的启示

产业结构演变与经济增长的关系如何？这个问题是学界长期以来一直探讨的重点之一。一般来说产业结构演变对经济增长发挥作用的研究路径主要有4种。最常用的是从各个产业需求的收入弹性出发，通过投入产出表研究产业结构演变对经济增长的影响（Peneder，2003）。另外一种比较常见的是从“产业结构红利”角度出发研究上述问题。刘伟和张辉（2008）认为，产业结构对经济增长有积极作用，同时随着改革开放逐步推向深入，这种红利逐渐消失。但是也有相反观点，例如，鲍莫尔（Baumol，1967）的“非均衡增长假说”认为，由于各个产业之间在劳动生产率方面存在天然区别，产业结构调整必然伴随着劳动力由劳动生产率较低向较高部门不断迁移，长此以往反而会降低劳动生产率较高部门的人均资本存量，“结构红利”反而变成“结构负担”。

目前已经有大量文献针对中国产业结构与经济增长进行了相关研究，但是由于经济发展时间较短，样本数据仍存在各种各样的问题。此外，一个国家和这个国家的一个地区（或城市）在产业政策的制定和实施还是有所区别的。但是作为一个发展中国家的二线城市的厦门，还是可以从发达国家在曾经的赶超阶段的一些产业政策实施的经验和教训得到启发的，因此，应当有鉴别地因地，因时制宜地学习和借鉴现有发达国家制定和实施产业政策经验和教训。

1. 要进一步加大服务业发展的比例

从工业化进入知识化进程，是服务业比重逐渐扩大的过程，也是劳动者逐渐从第二产业向第三产业转移的过程。以美国的经验来看，服务业拥有庞大的增加值贡献能力和就业吸纳能力，对 2009 年美国 GDP 的增长贡献率达到了 66.5%，吸纳了 65% 以上的劳动力就业。从第三产业内部结构看，金融、地产、租赁等行业占第三产业的比重最高，2009 年达到了 32.1%；专业与商业服务（professional and business services）排名第二，比重为 18.1%；卫生保健、教育服务、社会救助行业的比重为 12.5%；传统服务业（零售业、运输仓储业、批发贸易、艺术、休闲、餐饮等）的比重都在 10% 以下。从 1947 ~ 2009 年的结构变化看，比重提高的行业包括金融、地产、租赁等（9.6 个百分点），专业与商业服务（9.3 个百分点），教育、卫生以及社会救助（8.4 个百分点），信息服务（3.4 个百分点）；比重有所下降的行业包括零售业、批发贸易、运输和仓储、其他服务业；艺术、休闲、餐饮行业变化不大。①

日本的第三产业构成中，其他服务活动比重最高，2010 年达到了 19.1%；运输、通信业次之，为 15.7%；排在第三位的是批发零售业，为 13.8%；地产业为 11.9%；比重不足 10% 的行业分别为政府部门、金融保险业、电气水以及私人服务业。2010 年与 1955 年相比，除电气水保持比重不变外，其他所有部门比重都呈上升趋势，其他服务活动、运输通信业、批发零售业、地产业、金融保险业分别上升了 9.8 个、8.7 个、3.5 个、6.5 个和 1.1 个百分点。②

2016 年厦门三次产业在 GDP 中的比重为 0.6∶40.8∶58.6。第一产业比重降

---

① 根据美国经济分析局网站相关资料整理。

② 日本总务省统计局网站。

至不足1%，第二产业占比比高峰期有所下降。第三产业近年来虽然得到长足发展但是依然比较滞后。继续深入推进工业化进程，大力发展第三产业仍然是目前厦门市经济发展中的主要课题。另外，还要进一步提高第三产业内部结构的高度化和优化，提高现代服务业占第三产业的比重。

2. 在对产业结构进行调整的过程中要注重实体经济的发展①

第二次世界大战后至20世纪50年代，美国确立了在全球经济和产业技术领域的领先地位，开始进入工业化过程的重工业化阶段，进行产业结构调整升级。在国内集中力量发展汽车、化工等资本密集型重化工业，同时，传统的纺织业等产业转移至日本等战后需要工业恢复的国家。这一时期，日本在美军占领和控制下开始进行战后重建，纺织工业成为制造业的中心，比重占到制造业的24%左右。

20世纪60年代，在美国除了传统的资本密集型产业，如化工、钢铁、汽车制造等，技术密集型产业，如航空航天、生物医疗、电子等比重不断提高。同一时期，日本已经从1956年开始度过了战后经济恢复期进入资本密集型产业为主的经济高速增长期。1956年，日本民间企业设备投资比上一年猛增了58%左右，1955~1973年，年平均增长19%以上。制造业的主体从纺织业等劳动密集型产业向电力、钢铁、机械、造船、汽车、石油精炼等重工业部门过渡。

20世纪70年代，爆发了两次石油危机。为应对石油危机，美国各工业部门越来越多地采用高级技术，开始注重发展知识技术密集型产业，如微新能源、电子、新材料等高附加值、低能耗的技术产业，同时将传统重工业部门，如钢铁、造船、化工等以及部分资本密集型产业，如汽车、家电等向国外转移。这一时期，日本受石油危机影响，结束了经济高速增长的黄金时代进入所谓的稳定增长时期。70年代中期以后，日本民间企业大幅度缩小了对重化工业的投资，制造业结构开始向技术密集型产业转化。

进入20世纪80年代，美国经济遇到极大挑战，其背景是70年代以来以日本为首的其他发达国家经济结构的不断升级，这导致在制造业的许多领域，美国经济受挫明显。首先，美国经济中传统的汽车和钢铁两大支柱产业失去优势。1980年日本的汽车产量超过1 000万辆，超过了美国的800万辆；1979年美国最大的钢铁公司——美国钢铁公司宣布关闭16个钢铁厂，解雇13 000名工人，

① 实体经济包括物质的、精神的产品和服务的生产、流通等经济活动。既包括农业、工业、交通通信业、商业服务业、建筑业、文化产业等物质生产和服务部门，也包括教育、文化、知识、信息、艺术、体育等精神产品的生产和服务部门。

1982 年和 1983 年美国钢铁工业共亏损 67 亿美元，1986 年美国第二大钢铁公司——伯利恒钢铁公司宣布倒闭（王允贵，1997）。其次，美国部分高技术产业的竞争优势也遭到明显削弱。从 70 年代末开始，美国半导体工业的领先地位受到威胁，从世界市场的垄断地位退居到次要角色。1978 年美国公司还拥有全球半导体交易总收入的 55%，日本公司只有 28%；到 1986 年美国公司在全球半导体收入中的比例下降到 40%，而日本则上升到 46%。半导体工业的衰落直接导致美国电子工业的滑坡。80 年代中期，美国市场出售的 3/4 以上的收音机、2/3 的黑白电视机和 15% 左右的彩电都是外国生产的（王允贵，1997）。美国另一项高技术工业领域——民用飞机工业也受到了欧洲公司的强大竞争。1982 年和 1983 年欧洲空中客车公司夺得了宽机身客机世界市场销售额的一半以上和美国国内市场的 1/3，美国独霸世界民用飞机市场的时代结束了（王允贵，1997）。

在 20 世纪 80 年代美国经济衰落的同时，日本经济则表现不俗。此时，其制造业结构已经从资本密集型、资源密集型产业迅速转为技术、知识密集型。电子、新材料等新技术产业迅速发展并逐渐在全球范围内处于领先地位。同时，人均国民所得超过美国，并成为全球最大的债权国（1988 年日本外汇储备高达 900 亿美元以上）。从 1986 年 12 月至 1991 年 6 月的五年间，日本经济创下持续时间最长（57 个月）的景气纪录。

进入 20 世纪 90 年代，美国经济一改 80 年代的萎靡不振，开启了“新经济”时代。从 1991 年 3 月到 2000 年 12 月，美国经济实现了 117 个月的持续增长，年平均增长率达到 4% 左右，通货膨胀率仅为 1.9%，失业率维持在 4% 左右，经济呈现一派繁荣景象。

与美国进入“新经济”时代形成鲜明对比，日本从 20 世纪 90 年代开始跌入“失去的二十年”。1985 年“广场协议”后，日元被迫升值，形成泡沫经济。90 年代日本经济泡沫破灭，日本社会进入长达二十年的萧条期。80 年代以前，日本汽车、电机等产业具有强大的国际竞争力，原因之一固然有其较高产品质量方面的因素，但其长期以来的低成本优势亦不可忽视，即低汇率带来相对较低的劳动力成本优势。但“广场协议”后日元迅速升值，日本制造业的低生产成本优势受到冲击。为了适应这种局面，日本制造业向海外转移的速度明显加快，产业出现“空洞化”。虽然之后日本开始了产业结构调整进程，但由于没有抓住信息技术发展的良机，与美国的差距越拉越大，经济增长陷入停顿。

尽管一个地区可以根据本地特点，因地制宜发展本地有特色的产业，走特色化和专业化的道路，即使产生了一定程度的产业“空洞化”也不会像一个国家出现这个问题那么严重。但是通过加强本地区实体经济内部的自主创新和结构优化，使实体经济具备持续高质量增长的“内生动力”和强大的抗风险能力却是有必要的。因而有必要强化虚拟经济部门为实体经济服务的本质功能，虚拟经济要支持实体经济发展。同时要因地制宜地把握产业结构调整的方向。通过科技创新革新工业技术，促进本国或本地区产业结构升级，将国家或地区比较优势转化为竞争优势。一方面，进行传统产业的技术革新；另一方面，注重高科技产业发展。

要重视第二产业内部，特别是制造业内部的升级。要抓住快速工业化的有利时机加快推进制造业结构的转型和升级，努力增加技术密集型和知识密集型产业在整体制造业中的比重。学界基本达成共识（中国经济增长与宏观稳定课题组，2010），即我国正处于或即将处于转型的关键时期，上述目标的成功实现对我国中长期国民经济的发展起着至关重要的作用。因此，厦门市也有必要积极借鉴日本和韩国在赶超阶段以及美国的经验：（1）积极引导制造业企业升级；（2）加大研发投入在整个经济活动中的比重；（3）制定中长期科技发展规划，鼓励科技成果孵化；（4）为企业进行科研开发提供相应的信贷便利，等等。

3. 借鉴日本产业政策的经验必须结合本国本地区的具体实际

客观上讲，战后日本经济奇迹的出现，产业政策功不可没，但是将“日本经验”作为产业政策模式推广，原封不动地移植到一个文化背景和经济发展阶段完全不同的国家或地区肯定是“水土不服”的。

日本产业结构演变主要反映在两个方面：一是产业结构高级化，一般是指产业结构向第二产业过渡的工业化过程，工业化过程中向重工业过渡的重化工业过程，以及产业结构向第三产业过渡的第三产业化过程（或者服务业化过程，也称经济的软化过程）；二是与投入和产出相联系的产业结构合理化过程，一般是将劳动力作为投入而产值作为产出衡量产业结构的合理化过程。因此，产业结构的高级化和合理化就成为衡量一国和地区产业结构变迁最重要的两个维度（金培等，2011）

对于产业结构高级化的衡量，学者一般根据克拉克定律使用非农产业比重作为产业结构高级化的指标，但是随着服务业的飞速发展，特别是以信息产业为代表的第三次科技革命风起云涌，对传统的产业结构产生了巨大的影响，社会经济服务化的趋势十分明显，非农产业比重已经无法全面衡量经济结构的变动。鉴于第一产业在现代经济中的比重显著下降，第二产业和第三产业发展一并成为衡量经济发展阶段的重要指标，因此可以采用第三产业与第二产业的比重来重新定义产业结构高级化的指标。同时也必要关注第二、第三产业的内部结构，即要提高高端制造业在第二产业的比重，提高现代服务业在第三产业的比重。

启示：厦门市在借鉴发达国家制定产业政策的经验和教训时，应因地制宜，注重产业政策实施的政策和市场手段，产业政策应该主要通过市场的手段来实施。这是保障产业政策成功实施的关键。

4. 在产业结构政策方面，扶持有很大发展潜力而竞争力暂时不强的幼小产业，促使衰退企业顺利退出，进而实现产业结构调整的目标

在日本经济最为强劲的20世纪80年代，日本通过积极的产业结构政策的实施，其制造业结构已经从资本密集型、资源密集型产业迅速转为技术、知识密集型。电子、新材料等新技术产业迅速发展并逐渐在全球范围内处于领先地位。80年代中期以后，日本经济增长速度稳中有升，电子产业成为这一时期的支柱产业，制造业结构已经得到优化，完成了由资本密集型支柱产业向技术密集型支柱产业的转变。

20世纪90年代，美国开启的“新经济”时代。根据美国进步政策研究所的描述，“新经济”是以知识和思想为基础的经济，在这一经济中，关键是创新思想和技术。“新经济”是建立在“三新”——新技术、新劳动组织方式和新产业的基础上，它依托不断创新的高新科技公司。“新经济”有以下特点：一是以信息产业为高技术产业的龙头。英特尔、微软、苹果等大公司的超常规发展和国际互联网络的迅速普及，使信息业成为美国最重要的支柱产业。美国90年代以来经济增长的主要源泉是以这些公司为代表的5 000多家计算机软件公司。二是第三产业贸易增长迅速。美国第三产业贸易出口主要分布在旅游、交通运输、专业和技术服务等部门。90年代，第三产业产值占美国GDP的比重超过70%，是美国经济中的支柱产业，是90年代美国经济转为持续高增长的至关重要的因素。“新经济”时代，美国的产业结构日趋高度化，高技术服务业占据了举足轻重的地位。80年代以前，作为高技术产业的军事工业在整个工业中占据的比例最高，达25%左右；进入80年代以后，随着信息产业的发展，软件服务业年增长率不断提高，90年代，信息产业的年均增长率达到了57%，1998年信息业的产值已接近7 000亿美元。这样，美国经济实现了从工业经济向知识经济的质的飞跃。

厦门市在实施产业结构政策方面，应选择战略性作为发展的主导产业，对有很大发展潜力而竞争力暂时不强的幼小产业进行保护，促使衰退企业通过缩减过剩设备、缩小产能规模顺利地转移资本与劳动力，实现产业结构调整的目标。在产业结构调整与升级中，要充分发挥创新和新技术的重要作用。一是要使创新与科技成果转化通道顺畅。创新与技术要转化成生产力，必须有转化的顺畅通道，减少对创新转化的各种条件限制，加强创新与技术转化的对接渠道，增强技术与创新转化的活跃度是至关重要的，这也有利于增加各式各样创新的动力。二是要采取措施切实引导新兴科技产业的发展。新兴产业是产业升级的代表，是创新与高科技体现，是高附加值产业的重点。因此，要采取措施切实支持新兴科技产业的发展，使产业在深层次上转型升级。三是要推进包括制造业以内各行业的“互联网化”发展。信息化是即将到来的第4次工业革命时代的突出特点，互联网已经成为人类生产与生活的重要组成部分，包括制造业在内的各项产业必须适应信息化时代的要求，积极主动地互联化，使产业根基更加稳固，创造更多更大的价值。

5. 在产业结构调整方面，借鉴日本经验通过产业结构高级化和产业结构合理化两个维度进行相应的改进，以促进经济的增长

1955年以来，日本产业结构一直处于向高级化和合理化发展的双通道中。具体表现就是第一产业产值和就业所占比重持续下降，而第三产业产值和就业比重持续上升。第二产业产值和就业均呈现出先上升后下降的态势，这种拐点在20世纪70年代中期开始出现，意味着在70年代中期日本工业化进程基本完成，日本经济开始偏向第三产业发展。同时还可以发现，日本第一产业在80年代初期占GDP的比重已经达到很低的水平，但同期第一产业就业比重远高于产值比重，自然而然的结果就是随着经济发展第一产业就业比重下降趋势明显高于产值比重下降的趋势，第一产业逐渐成为劳动力向第三产业转移的主要来源，日本同样存在一个“人口红利”逐渐发挥作用的窗口期。

日本第二、第三产业，特别是第二产业内部同样存在明显的产业结构升级趋势。突出表现为制造业主导产业的变迁：由最初的纺织业和食品加工业逐渐转变为一般机械制造业、电子产品制造业和运输设备制造业，这充分反映了日本制造业转型和升级历程。日本现在仍然是世界上电子产品，特别是高科技产品最重要的出口国，处于世界制造业价值链核心位置，发挥着独特的作用。相对来说，日本第三产业各部门发展比较平缓，各产业之间波动幅度较小，其中变动比较明显的仅有批发零售业呈现较大的下降趋势。有意思的是，比较批发零售业和制造业的变化趋势可以发现，这同样呈现先升后降的轨道，而拐点同样出现在20世纪70年代中期，与制造业拐点出现的时期基本一致，事实上与其他服务业各部门相比批发零售业与制造业关联最为密切（程大中，2004；郑吉昌、夏晴，2004），因此也可以从另一个层面印证第二产业的发展历程。

产业结构高级化和产业结构合理化均对日本经济发展起到了相应的作用，但是在日本经济发展的各个阶段，每种效应发挥作用的重要性各有偏重。总的来说，产业结构高级化在促进日本经济增长中的重要性更加明显。但是在20世纪90年代后期，虽然日本产业结构高级化进程加快，但是对经济增长的贡献度逐步下降，产业结构合理化反而成为刺激经济增长的主要来源。主要原因可能有以下几点：（1）所谓的“结构红利”随着工业化进程的深入逐渐消失，产业结构升级驱动型的经济增长触及“天花板”，单纯的产业结构升级已经无法促进经济的持续增长；（2）产业结构高级化和合理化进程之间存在一个相对的时滞，导致资源配置层面产业结构调整的步伐落后于整体产业结构调整的步伐；（3）当经济处于下行期时，产业结构调整的重要性凸显，一味的产业结构升级起到的作用十分有限。

充分注意产业结构高级化和合理化的互动关系，这是日本发展经验给我们带来的最重要的政策启示。日本产业经济发展的历程对厦门市今后产业结构转型和升级的方向和方式有着十分重要的指导意义。在国民经济发展过程中，不仅要注意时时推进产业结构高级化，更要将产业结构合理化放在比以往更加重要的位置，这是今后一段时期之内厦门市经济工作的难点和重点之一。

厦门市在产业结构的定位上应当以产业结构高级化为方向，以产业结构合理化为重点；高级化的实质是第三产业的继续发展和制造业的升级，而合理化的内涵是努力促进要素投入和产出结构的耦合。可行的解决办法是加速第一产业富余劳动力向第三产业的直接转移，这可以减少人力资源在市场上的调整和配置成本，但是联系到第三产业对劳动力的要求，需要加大对相关人员的培训，提高劳动力素质。人才在各产业中是否合理、均衡的分布对产业结构调整具有一定影响。人才结构不合理、高层次复合人才和高技能人才短缺、青年创新型人才不足等问题，都会制约国家或地区的产业结构优化。

第4章 影响厦门市服务业发展的因素分析

服务业的发展，不仅有利于扩大地区经济规模，提高产业层次，增强地区经济素质，具有极高的经济效益；而且有利于促进充分就业，提高人民收入，改善人民生活水平，推进社会文化的进步，具有较好的社会效益；同时，还能够有效减轻经济发展对资源、环境的压力，具有较高的生态效益。因此，服务业必将成为厦门新一轮重要的经济增长点，加快发展服务业也必然成为厦门市国民经济发展的重大战略任务。本章在综合分析厦门市服务业和现代服务业发展现状和存在问题的基础上，探讨现代基础设施环境、经济发展水平、城市化、市场化、工业化、国际化、专业化、信息化和标准化等因素对服务业和现代服务业发展的影响。为厦门市服务业和现代服务业的发展提供智力支持。

4.1 厦门市服务业和现代服务业现状分析

4.1.1 厦门市服务业现状分析

本章从区位特征、横向、纵向和内部结构的角度来介绍厦门市服务业和现代服务业的现状，分析存在的问题。

1. 区位特征

厦门位于北纬24°23′~24°54′、东经117°53′~118°26′，地处台湾海峡西岸中部，闽南金三角的中心。东与大小金门碧波相连，南与龙海的港尾镇隔海相望，东北与南安接壤，北与安溪相接，西与长泰、龙海的角美镇毗邻，是中国沿海重要港口之一。全市陆地总面积1 516.12平方公里，海域面积324平方公里。

厦门岛处于九龙江出海口的金门湾内，台湾海峡西岸的中段。台湾海峡是东北亚和东南亚海上交通必经之地，是"东北亚经济圈"和"东南亚经济圈"的结合部。厦门港北距日本长崎816海里、距上海市564海里，南距菲律宾马尼拉677海里、距广州市381海里、距香港特区292海里，东距中国台湾高雄市165海里、距中国台湾基隆市222海里，是东南亚各国与中国的福建和台湾的交通枢纽。[①]

独特的区位特征和1980年厦门经济特区的成立决定了厦门市的服务业具有较多独特性。首先，厦门市对外开放程度在福建省最高。2013年厦门市进出口商品总额占全省比重高达49.7%，实际利用外商投资总额占全省比重达28.7%。其次，厦门港货物吞吐量在全省比重达42.0%。[②] 最后，中心城市的作用不明显，孤岛经济特征明显。厦门岛内思明和湖里两区的GDP占全市比重高达54.2%。

2. 从横向来看

厦门市服务业的规模取得了跨越式的增长，但与有些城市比较差距被拉大。从服务业占GDP的比重来看，厦门直到2010年尚未超过50%，2013年才达到51.6%，北京、上海、广州等服务业较发达的城市从2000年起这一比重均超过50%。同时，西方发达国家和地区的第三产业比值在2000年时已达到69.0%，2003年美国服务业增加值占GDP的75%，日本为68%，德国为69%。可见，厦门市服务业存在较大发展空间。[③]

3. 从纵向来看

首先，服务业快速发展，增长态势逐渐趋于平缓。厦门市服务业规模快速增长，产业地位日益显要，在国民经济中的比重逐年上升，对经济增长的贡献率大

---

① 《厦门市志》。

② 作者根据《福建统计年鉴2014》计算所得。

③ 本章的数据都来自相关年份的《厦门经济特区统计年鉴》。

幅提高。厦门市服务业的增加值已由特区成立之初的1980年的1.32亿元增加到2013年的1 557.38亿元（以1980年的价格为100，计算后的实际值为282.35亿元），实际增长了214.67倍，34年间年实际平均增长18.1%，服务业占厦门GDP的比重也在不断提高，由1980年的20.6%增长到2013年的51.6%，平均每年提高近1个百分点，成为全市经济增长的主要推动力之一。

按实际增长率计算，1995～2013年，厦门市服务业增加值年均增长速度为13.8%，略高于同期GDP年均13%的增长速度（见图4－1）。

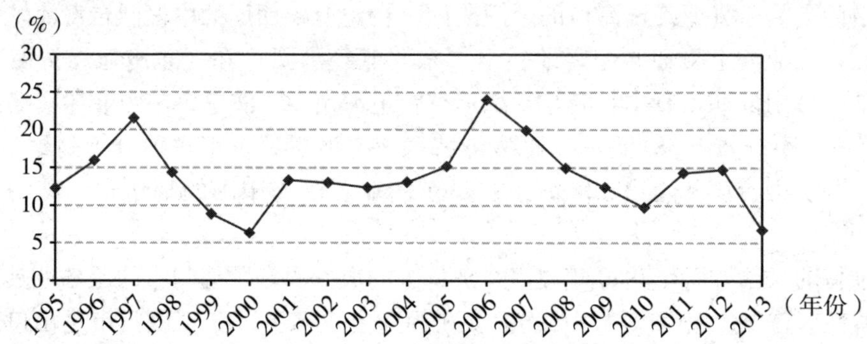

图4－1　厦门市服务业实际增长率

其次，第三产业占GDP的比重呈波动上升趋势。1980年以来，厦门市第三产业占GDP的比重呈现出较明显的变动规律：第一产业的比重逐渐下降，第二产业的比重基本稳定在50%左右，第三产业的比重则明显上升，而且不断向第二产业的比重靠拢，产业结构的态势逐步由“二一三”转变为“三二一”（见图4－2）。2013年厦门市三次产业结构比例为0.9∶47.5∶51.6，第三产业所占比重比1980年的20.6%提高了31个百分点，这也表明第三产业在国民经济中的地位越来越重要。

最后，服务业内部各行业结构有待改善。服务业要持续、稳定、有效地发展，还必须注意服务业内部各行业的结构情况。结构合理、符合经济发展的要求，才会对厦门市服务业的发展以及整个厦门市总体经济的发展提供长久的动力。

通常，服务业可以划分为传统服务业和现代服务业。传统服务业包括交通运输、仓储和邮政业，批发和零售业，住宿和餐饮业，居民服务和其他服务业，公共管理和社会组织；现代服务业包括信息传输、计算机服务和软件业，金融业，房地产业，租赁和商务服务业，科学研究、技术服务和地质勘查业，水利、环境和公共设施管理业，教育，卫生、社会保障和社会福利业，文化、

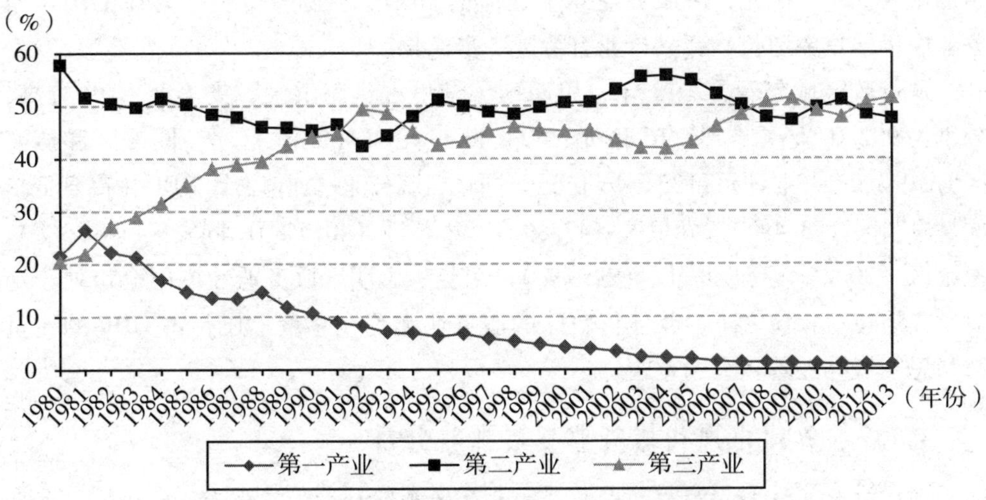

图 4－2　1980～2013 年厦门市三次产业占 GDP 比重

体育和娱乐业。

从 20 世纪 80 年代中期开始，厦门市现代服务业占服务业的比重快速上升，从 1984 年的 36.3% 持续上升到 1994 年的 54.8%，之后略有下降，从 20 世纪 90 年代后期至今一直徘徊在 50% 左右（见图 4－3）。

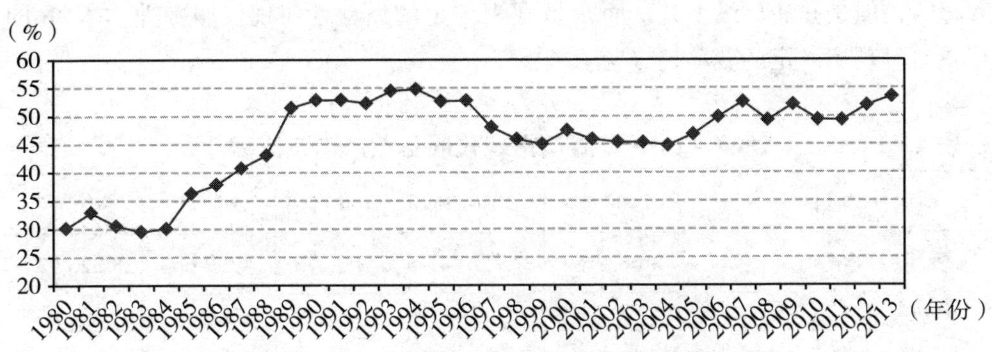

图 4－3　厦门市现代服务业占服务业比重

4. 从内部结构来看

厦门服务业的产出过于集中，行业、行政区域间差距明显。从行业来看，厦门服务业中批发和零售业、交通运输仓储业和邮政业、住宿和餐饮业、居民服务和其他服务业等传统服务业在厦门经济中占主要地位，2013 年传统服务行业的增加值为724.7亿元，占服务业总增加值的46.5%，说明传统行业在厦门的服务业中仍居重要地位，新兴行业有待进一步成长。

从行政区域来看，2013年，思明区、湖里区、海沧区、集美区GDP较高，分别为902.07亿元、732.16亿元、424.46亿元和402.16亿元，同安区和翔安区GDP为225.84亿元和331.46亿元。同年，服务业增加值占比GDP由高到低依次是思明区（83.4%）、湖里区（47.8%）、集美区（40.9%）、同安区（40.3%）、海沧区（30.2%）和翔安区（21.7%）。可见，思明区服务业在厦门全市处于绝对领先地位；相比之下，其他行政区的服务业无论在总量上还是占GDP的比重都与思明区存在着较大的差距。

4.1.2 厦门市现代服务业发展现状分析

现代服务业又称新兴第三产业，相对传统服务业而言，具有高知识性、高技术性和新兴性的特点，与经济发展密切相关，对国民经济发展具有全局性的影响。随着经济全球化进程的加快以及科学技术的迅猛发展，世界已经进入服务经济时代，现代服务业正逐渐成为引领经济增长的主导性力量和国家竞争力的重要体现，近年来在全世界范围受到了高度的关注。

厦门市现代服务业占服务业的比重从2009年的52.1%，上升到2013年的53.5%，但是并非持续上升，而是呈现为一定的波动性；现代服务业占GDP的比重也呈现出一定的波动性（见表4－1）。

表4－1　2009～2013年厦门市现代服务业产值及比重

项目	2009年	2010年	2011年	2012年	2013年
现代服务业产值（亿元）	4 663 182	4 997 447	6 000 575	7 399 664	8 326 934
服务业/GDP（%）	51.6	49.1	47.9	50.7	51.6
现代服务业/服务业（%）	52.1	49.4	49.3	51.9	53.5
现代服务业/GDP（%）	26.8	24.3	23.6	26.3	27.6

从2009～2013年厦门现代服务业分行业增加值占服务业比重来看，房地产与金融业交替占据前两位，其次是教育业、信息传输、计算机服务和软件业、租赁和商务服务业（见表4－2）。

表 4-2　　2009～2013 年厦门现代服务业分行业增加值与占服务业比重

项目	2009 年		2010 年		2011 年		2012 年		2013 年	
	增加值（百万元）	占比（%）	增加值（百万元）	占比（%）	增加值（百万元）	占比（%）	增加值（百万元）	占比（%）	增加值（百万元）	占比（%）
信息传输、计算机服务和软件业	4 203.7	4.7	4 986.0	4.9	6 046.7	5.0	6 542.7	4.6	6 687.1	4.3
金融业	13 042.1	14.6	14 589.2	14.4	19 057.0	15.7	22 769.6	16.0	25 422.0	16.3
房地产业	15 149.1	16.9	13 458.2	13.3	15 442.5	12.7	22 909.1	16.1	27 139.7	17.4
租赁和商务服务业	3 682.6	4.1	4 572.1	4.5	5 379.0	4.4	5 833.6	4.1	6 429.8	4.1
科学研究、技术服务和地质勘查业	1 566.9	1.7	1 683.9	1.7	2 208.4	1.8	3 004.0	2.1	3 461.5	2.2
水利、环境和公共设施管理业	644.9	0.7	1 222.6	1.2	1 527.5	1.3	1 837.5	1.3	2 030.6	1.3
教育业	5 049.8	5.6	6 027.7	6.0	6 369.2	5.2	6 840.1	4.8	7 235.1	4.6
卫生、社会保障和社会福利业	2 178.1	2.4	2 188.6	2.2	2 396.9	2.0	2 574.9	1.8	3 110.1	2.0
文化、体育与娱乐业	1 114.7	1.2	1 246.2	1.2	1 578.8	1.3	1 685.3	1.2	1 753.4	1.1

综合来看，厦门市现代服务业的发展还未呈现持续、稳定上升趋势；另外，从内部构成来看，现代服务业的发展过重地依赖于房地产业的发展。

鉴于厦门市服务业与现代服务业存在以上问题，我们有必要分析影响厦门市服务业与现代服务业的诸多因素，从中找出主要和核心的因素，为厦门市服务业与现代服务业的进一步发展提供智力支持。

4.2 厦门市服务业与现代服务业影响因素分析

影响厦门服务业与现代服务业务发展的因素较多，这些因素之间可能存在着很强的相关性，这会使我们在应用数理统计中许多分析方法时面临着一定局限。灰色关联分析是以分析系统中主行为因子与相关行为因子的关系密切程度，以关联度作为其关系密切程度及相互比较的相对标志，在分析存在着很强相关性的多因素影响方面具有较大的优势。本章利用灰色关联度方法分析影响厦门市服务业与现代服务业发展的相关因素。

4.2.1 灰色综合关联度的构建原理及计算

广义关联度包括灰色绝对关联度、灰色相对关联度、灰色综合关联度，灰色综合关联度的计算建立在灰色绝对关联度和灰色相对关联度的基础之上。

1. 灰色绝对关联度

设 $X_i=(x_i(1),x_i(2),\cdots,x_i(n))\qquad(i=1,2,\cdots,m)$，

记折线 $(x_i(1)-x_i(1),x_i(2)-x_i(1),\cdots,x_i(n)-x_i(1))$ 为 X_i^0。令 $s_i=\int_1^n X_i^0\mathrm{d}t$，$|s_i-s_0|=\int_1^n(X_i^0-X_0^0)\mathrm{d}t,(i=0,1,2,\cdots,m)$，那么，灰色绝对关联度为：

$$\varepsilon_{0i}=\frac{1+|s_0|+|s_i|}{1+|s_0|+|s_i|+|s_i-s_0|}$$

灰色绝对关联度 ε_{0i} 表征了折线 X_0 与 X_i 的绝对增量间的关系，用两条序列折线间所夹的面积大小来衡量两序列的关联性的大小，折线 X_0 与 X_i 的绝对增量越相似，ε_{0i} 越大，反之就越小。

2. 灰色相对关联度

设 $X_i=(x_i(1),x_i(2),\cdots,x_i(n))\qquad(i=0,1,2,\cdots,m)$，那么，灰色相对关联度为：

$$r_{0i}=\frac{1+|s_0'|+|s_i'|}{1+|s_0'|+|s_i'|+|s_i'-s_0'|}$$

其中，$s_i'=\int_1^n(X_i'-x_i(1)')\mathrm{d}t$，$X_i'=X_i/x_i(1),i=0,1,2,\cdots,m$。

灰色相对关联度 r_{0i} 表征了序列 X_0 与 X_i 相对于始点的变化速率之间的关系，

X_0 与 X_i 的变化速率越接近，r_{0i}越大，反之就越小。

3. 灰色综合关联度

灰色综合关联度 ρ_{0i} 既体现了折线 X_0 与 X_i 的相似程度，又反映出 X_0 与 X_i 相对于始点的变化速率的接近程度，是较为全面地表征序列之间是否紧密的一个数量指标。其计算公式如下：

$$\rho_{0i} = \theta\varepsilon_{0i} + (1-\theta) r_{0i}$$

其中，$\theta \subset [0,1]$。在本书中令 $\theta = 0.5$，表示对绝对量之间的关系和变化速率同等重视。本章使用 Matlab 软件来计算灰色关联度。

4.2.2 服务业发展影响因素评价指标体系

根据科学性、可操作性和实际性原则，选取交通基础环境、经济发展水平、城市化、市场化、工业化、国际化、专业化、信息化、标准化这几个指标确立影响因素评价指标体系（见表 4-3、表 4-4）。考虑到相关数据的完整性，本章使用 2003~2013 年厦门市的相关数据。

表 4-3　　服务业发展影响因素指标体系

一级指标	二级指标
服务业发展 A	服务业增加值占 GDP 比重 A
现代服务业发展 B	现代服务业增加值占服务业增加值比重 B
现代交通基础环境 C	空港吞吐量（万人）C1 铁路（发送）客运量（万人）C2 公路客运量（万人）C3 水运客运量（万人）C4
经济水平 D	人均实际 GDP（元）D
城市化 E	城镇人口占总人口比重 E1 都市发达经济圈（思明和湖里区）城镇人口占城镇总人口比重 E2
市场化 F	科技费用支出占地方财政支出比重 F1 城镇私营个体从业人数（含私营企业主及雇工）占总就业比重 F2 年主营业务收入 2 000 万元以上国有企业工业总产值比重 F3 年主营业务收入 2 000 万元以上国有企业工业销售产值比重 F4 国有企业本年完成投资占本年完成投资总计比重 F5 律师占总人口比重 F6

续表

一级指标	二级指标
工业化水平 G	工业增加值占 GDP 比重 G
国际化 H	外贸进出总额占 GDP 比重 H1 实际利用外资占固定资产全年完成投资比重 H2
专业化 I	现代服务业从业人员占从业人员比重 I
信息化 J	移动电话到达数占全市户籍总户数比重 J1 固定电话用户达到数占全市户籍总户数比重 J2
标准化 K	大中型工业企业科技开发活动情况专利申请数（件）K1 有效发明专利数（件）K2 高新技术产品产值（亿元）K3 高新技术产品销售收入（亿元）K4 高新技术产品出口交货值（亿元）K5 高新技术产品利润总额（亿元）K6 高新技术产品利税总额（亿元）K7

1. 交通基础环境

交通环境直接关系到一个城市的物流便捷，是与外界贸易往来所必需的基础条件，同时也是吸引外资，发展服务业所必需的基础条件。本章通过交通基础环境指数来衡量，指数的确定采用科学的客观评价方法——主成分分析方法来确定。本章使用 SPSS 软件来计算相关的指数指标。

2. 经济水平

经济发展水平决定了现代服务业需求水平，同时也决定了服务业的发展水平。本章采用人均 GDP 来衡量厦门的经济发展水平。为了增强数据间的可比性，数据以 2003 年为基年，通过平减指数剔除掉价格影响因素。

3. 城市化

服务业的发展实质是城市的发展，一般而言，城市化水平越高，城市规模越大，服务业越发达。本章通过城镇化综合指数来反映城市化水平，指数通过主成分分析方法来确定。

4. 市场化

服务业的内部市场化分工和产业分类取决于市场需求的强度和实际容量，而

表 4－4　　2003～2013 年服务业发展影响因素二级指标原始数据

二级指标代码	2003 年	2004 年	2005 年	2006 年	2007 年	2008 年	2009 年	2010 年	2011 年	2012 年	2013 年
A	0. 4207	0. 4197	0. 4305	0. 4616	0. 4844	0. 5086	0. 5156	0. 4915	0. 4795	0. 5065	0. 516
B	0. 4468	0. 4404	0. 4601	0. 4898	0. 5179	0. 484	0. 5134	0. 4815	0. 4803	0. 506	0. 5216
C1	430	558	659	750	868	939	1 133	1 321	1 576	1 735	1 975
C2	265	300	303	348	394	420	366	746	1 013	1 165	1 383
C3	3 326	3 772	3 863	4 082	4 192	8 232	9 427	9 566	10 487	10 824	10 726
C4	362	487	544	217	238	670	692	742	808	820	728
D	51 624	60 482	65 697	73 187	83 869	92 745	98 150	114 318	137 064	147 454	153 374
E1	0. 5691	0. 6203	0. 6277	0. 6811	0. 6826	0. 6828	0. 8023	0. 805	0. 807	0. 8093	0. 8115
E2	0. 7255	0. 7075	0. 7157	0. 6667	0. 6707	0. 682	0. 5848	0. 5892	0. 5914	0. 5917	0. 5917
F1	0. 03	0. 0323	0. 0318	0. 0303	0. 0327	0. 035	0. 0313	0. 0313	0. 0313	0. 0299	0. 0317
F2	0. 2155	0. 248	0. 3139	0. 3227	0. 3644	0. 4465	0. 4407	0. 505	0. 5168	0. 5346	0. 4904
F3	0. 0422	0. 0456	0. 0416	0. 0412	0. 0199	0. 0236	0. 023	0. 0203	0. 04	0. 0414	0. 1047
F4	0. 0427	0. 0467	0. 0422	0. 0411	0. 02	0. 0233	0. 0231	0. 0204	0. 0398	0. 0408	0. 1054
F5	0. 6866	0. 604	0. 5205	0. 5838	0. 5843	0. 6241	0. 5918	0. 4709	0. 4291	0. 4158	0. 4396

续表

二级指标代码	2003 年	2004 年	2005 年	2006 年	2007 年	2008 年	2009 年	2010 年	2011 年	2012 年	2013 年
F6	0. 0004	0. 0004	0. 0005	0. 0005	0. 0005	0. 0005	0. 0006	0. 0007	0. 0007	0. 0008	0. 0009
G	0. 5131	0. 517	0. 4984	0. 46	0. 4269	0. 3919	0. 3904	0. 4203	0. 437	0. 4098	0. 4016
H1	2. 0383	2. 2479	2. 3267	2. 2275	2. 1577	1. 9579	1. 7032	1. 8745	1. 7854	1. 6703	1. 7263
H2	0. 1425	0. 1549	0. 1444	0. 115	0. 1043	0. 1524	0. 1306	0. 1137	0. 0988	0. 0755	0. 1113
I	0. 0804	0. 0954	0. 1188	0. 1253	0. 1432	0. 1787	0. 1754	0. 1786	0. 1656	0. 1513	0. 1649
J1	2. 507	3. 1167	3. 5733	4. 5935	4. 8232	5. 7301	6. 3041	7. 4987	8. 7746	9. 5167	9. 8929
J2	2. 7043	1. 9386	1. 966	4. 3654	4. 4002	4. 3483	3. 3947	2. 8064	2. 5712	2. 5198	2. 7449
K1	336	354	482	384	452	561	1 698	1 963	2 499	3 108	3 219
K2	206	230	196	239	180	243	450	651	741	893	1 310
K3	959. 3076	985. 483	933. 1321	1 037. 8339	1 466. 368	1 060. 971	1 285. 6076	1 510. 2442	2 041. 3859	2 400. 6436	3 809. 3199
K4	930. 5	969. 4755	891. 5245	1 047. 4265	1 449. 9086	980. 6423	1 244. 1133	1 507. 5842	1 995. 1506	2 355. 875	3 757. 3417
K5	476. 7326	486. 4018	467. 0635	505. 74	641. 094	358. 4207	470. 0311	581. 6415	857. 8961	1 199. 6103	1 028. 7532
K6	73. 5515	72. 5664	74. 5366	70. 5962	79. 797	65. 8491	101. 1317	136. 4142	165. 6983	171. 4749	168. 5866
K7	113. 1151	114. 5896	111. 6407	117. 5386	106. 7697	94. 7784	115. 5963	136. 4142	237. 5806	216. 8336	227. 2071

服务业内部的产业分工直接影响交易的频率和交易的成本。市场化综合指数通过科技发展环境、非国有经济的发展和市场法制环境这几个指标来衡量，其确定方法采用主成分分析方法。

5. 工业化水平

工业化的高度发展以及向后工业化的过渡，产生了制造业对服务的大量引致需求。工业化的发展程度为生活服务提供了基础条件，影响着服务业的发展水平。本章用工业增加值占 GDP 比重来反映工业化水平。

6. 国际化水平

国际化水平主要体现在一国经济开放度的提高。经济开放度越高，生产配套需要的服务越多；通过技术和资源的开放性，能充分利用国外先进技术和优势资源来提高服务业发展中的技术水平和节省自已相对贫乏的资源。本章通过国际化综合指数来反映国际化程度，指数通过主成分分析方法来确定。

7. 专业化、信息化、标准化

专业化体现在服务业发展需要有高知识、专业技术强的人才为市场提供专业化和高质量的服务，满足不同等级客户的需求，从而细分服务业市场，促进服务业市场的品牌化发展。考虑到传统服务业对从业人员的专业化水平要求较低，即传统服务业的就业门槛较低，所以本章用现代服务业从业人员占从业人员比重来代表专业化水平。较高的信息化水平则为服务业发展提供信息化平台，加快各种要素流动的速度与效率，促进传统服务业向现代化发展的同时提高商务运作效率和服务管理质量。标准化则是指个人的技能只有转化为社会性的专利和企业化生产的专有技术，才能支撑大规模生产，促进服务业发展。信息化和标准化分别采用信息化指数和标准化指数，指数通过主成分分析方法来确定。

4.2.3 厦门服务业与相关影响因素灰色关联度分析

应用灰色关联计算方法，对三个阶段分别计算九个行为因子和主因子序列（服务业增加值占 GDP 比重），计算结果见表 4－5。从表 4－5 可知不同阶段各行为因子对主行为因子的关联度排序出现较大的阶段性差异，这说明各行为因子在不同阶段对服务业发展的影响作用还是有所差异的。总的来说，影响厦门市服务业发展的主要因素为专业化、工业化、经济发展水平和信息化，其次为标准化，最后为市场化、交通基础、国际化和城市化。

表 4-5　　　　　厦门服务业与相关影响因素灰色关联度分析结果

影响因素	灰色综合关联度（2003～2008 年）	排序	灰色综合关联度（2009～2013 年）	排序	灰色综合关联度（2003～2013 年）	排序
交通基础环境	0.6062	7	0.5386	7	0.5302	7
经济水平	0.6089	6	0.5698	5	0.5632	3
城市化	0.5600	9	0.9221	2	0.5168	9
市场化	0.6001	8	0.5390	6	0.5398	6
工业化水平	0.7114	5	0.8224	3	0.6025	2
国际化	0.7763	4	0.5745	4	0.5255	8
专业化	0.7964	3	0.9532	1	0.7851	1
信息化	0.8297	1	0.5280	8	0.5452	4
标准化	0.8097	2	0.5278	9	0.5410	5

1. 专业化对服务业发展的影响

专业化对服务业发展的影响在 2003～2013 年关联序中排序第一，关联度均达到 0.79 以上，在 2003～2008 年位列第三，在 2009～2013 年位列第一，这充分说明了专业化是厦门服务业发展影响因素中的首要因素。2003～2013 年，厦门市现代服务业就业人员由 90 235 人增长到 458 730 人，占总就业的比重由 8.0% 增长到 16.5%，服务业增加值占 GDP 比重由 2003 年的 42.1% 增加到 51.6%，就业人员的专业化极大地推动了服务业的发展。随着城市经济的发展和人们收入水平的提高，对服务的范围、品种、水平和质量出现了新的要求，而这一新要求则需要专业化的服务人才来完成。但是目前，在厦门甚至中国，服务业从业的专业人才相对较少；由于对服务市场的细分度不高，造成服务等级不高，从而服务企业难以利用服务业的专业化分工，整合自身的技术平台和服务平台，最终导致企业难以形成自身的核心业务。

2. 工业化水平对服务业的影响

工业化水平 2003～2013 年关联序中排序中位列第二，在 2003～2008 年位列第五，在 2009～2013 年位列第三，这说明了工业化对服务业发展的影响具有一定的波动性。这与工业增加值比重变动有一定的关系，工业增加值比重在 2003 年为 51.3%，到 2009 年降到 39.0%，而到 2013 年又回升到 40.2%。

3. 经济水平对服务业的影响

经济水平尽管在分阶段中排序中较为靠后，但是在整个期间的排序位列第三位。从世界经济发展史来看，随着经济的发展和人均收入的提高，服务业占比的提高是必然趋势。这是因为人均收入水平的提高，必然会提高人们对服务产品的需求，进而推动了服务业的发展，尤其是在人均收入水平达到一定高度之后，更会大幅度提高对现代服务业的需求，进而推动现代服务业的较快发展。

4. 信息化对服务业发展的影响

信息化在这三个时段的排序波动性比较大，呈现出 2003～2013 年第一，降到 2009～2013 年第八，2003～2013 年为第四。总的来说，信息化与服务业的发展有较高的关联度关系，关联度为 0.54。现代服务业的核心就是信息技术，通过信息技术和现代服务技术改造传统服务业的经营和管理方式，拓展生产生活服务领域，实现服务业与其他产业的融合，改造经济增长的技术基础。

5. 标准化对服务业发展的影响

标准化对服务业发展的影响在 2003～2013 年关联度均达到 0.54 以上。2003～2013 年，作为标准化的一个重要二级指标的有效发明专利数呈递增状态，由 2003 年的 206 件，增加到 2013 年的 1 310 件。政府与有关部门应通力合作，发挥重要的引导作用，组织重大科技专项，实现重点突破，营造鼓励服务业创新的政策环境，从而推动服务业加快技术创新步伐。

6. 市场化对服务业发展的影响

从市场化相关指标来看，除律师占总人口比重呈现小幅增加之外，其他几项指标均呈现波动。只有主要由市场来配置资源，才能最大效率地利用好资源。主要由市场来调节服务业的供给和需求，才能保证服务业健康、有序和稳定发展。政府应该进一步消除市场进入的藩篱，调动市场主体的积极性，而在现阶段国有经济较强势的经济形势下，有必要提高对中小微等民营企业在财政和金融等政策措施方面的公平、公正、公开和透明。

7. 现代交通基础设施对服务业发展的影响

现代交通基础设施是服务业发展的基础和依托。现代交通基础设施对服务业的关联度在三个阶段排序均为第七位，整个期间均值达到 0.53。这说明该因素对厦门市服务业发展的影响是稳定的。厦门市的现代交通基础设施是相对比较完善和发达的，但是，考虑到厦门市将来的发展，特别是厦泉漳一体化的发展，应该把厦门定位于地区中心城市的高度，进一步完善现代交通基础设施，促进服务业的进一步发展。

8. 国际化对服务业发展的影响

尽管在2003~2013年期间国际化对服务业发展的关联序排序为第八，但是在2009~2013年则排序为第四，这说明了国际化与服务业的发展影响关系密切。厦门市对外开放程度在全省最高。2013年厦门市进出口商品总额占全省比重高达49.7%，实际利用外商投资总额占全省比重达28.7%。今后应进一步发挥经济特区敢于先行先试的精神，抓住经济全球化、区域化、服务贸易自由化的机遇，进一步扩大开放，充分发挥国际化对我市服务业发展的促进作用。

9. 城市化对服务业发展的影响

城市化对服务业的关联度的均值达到0.52。厦门市应该利用厦泉漳一体化的机遇，进一步发挥地区中心城市的作用，通过地区城市化的机遇，利用城市化促进服务业的发展。

4.2.4 厦门现代服务业与相关影响因素灰色关联度分析

应用灰色关联计算方法，对三个阶段分别计算九个行为因子和主因子序列（现代服务业增加值占服务业比重），计算结果见表4-6。从表4-6可知不同阶段各行为因子对主行为因子的关联度排序出现较大的阶段性差异，这说明各行为因子在不同阶段对现代服务业发展的影响作用还是有所差异的。总的来说，影响厦门市现代服务业发展的主要因素为国际化、城市化、工业化、专业化；其次是信息化和标准化；最后是市场化、交通基础和经济发展水平。

表4-6　厦门现代服务业与相关影响因素灰色关联度分析结果

影响因素	灰色综合关联度（2003~2008年）	排序	灰色综合关联度（2009~2013年）	排序	灰色综合关联度（2003~2013年）	排序
交通基础环境	0.5837	6	0.5106	9	0.5197	8
经济水平	0.595	5	0.5448	4	0.5158	9
城市化	0.5412	9	0.5922	2	0.6544	2
市场化	0.5756	7	0.5189	7	0.5221	7
工业化水平	0.598	4	0.5677	3	0.6207	3

续表

影响因素	灰色综合关联度（2003～2008年）	排序	灰色综合关联度（2009～2013年）	排序	灰色综合关联度（2003～2013年）	排序
国际化	0.6408	2	0.5307	5	0.7077	1
专业化	0.5688	8	0.6151	1	0.5257	4
信息化	0.7147	1	0.5157	8	0.5227	5
标准化	0.6122	3	0.5213	6	0.5223	6

1. 国际化对现代服务业发展的影响

国际化对现代服务业发展的关联序排序在2003～2013年关联序中排序第一，关联度达到0.71，在2003～2008年位列第二，在2009～2013年位列第五，这充分说明了国际化在厦门现代服务业发展影响因素中居首位。厦门市外贸进出口总额占GDP比重和实际利用外资占固定资产全年完成投资比重总体来看呈下降趋势。这固然和国内和国际经济环境有关，随着国内宏观环境调整和国际环境变化，我国将面临深入和提升参与全球分工的重大机遇。在市场机制中，放宽准入准则，提高对外开放水平，让更多的外商参与进来，能调动地方和企业发展服务业的积极性和引导多渠道资金投入，对优化服务业结构和促进中国现代服务业的快速发展具有重要的意义

2. 城市化对现代服务业发展的影响

城市化对现代服务业的关联度的均值达到0.65，在2003～2013年位列第二位。厦门市的城镇化率一直处于较高水平，2003年城镇人口占总人口比重已达0.57，到2013年，这一比重进一步上升为0.81。近年来，厦门都市发达经济圈城镇人口占总城镇人口的比重总体来看呈下降趋势。这说明厦门在统筹城乡发展中取得了一定的成绩，厦门城镇人口比重不断提升，而且城镇人口逐渐向岛外区域转移，在规模和结构上扩大了厦门的城市规模，为以城市为依托的服务业发展提供了更大的产业规模和市场基础，从而带动厦门城区乃至周边经济发展，真正实现厦门的整体经济实力和城市化水平的提升。

3. 工业化水平对现代服务业的影响

工业化水平对现代服务业的影响在2003～2013年关联序中排序中位列第三，在2003～2008年间位列第四，在2009～2013年位列第三，这说明了工业化对服

务业发展的影响具有一定的稳定性。生产性服务业和高端服务业的发展，都离不开工业的发展。只有在工业化水平较高的条件下，才能派生出各类为现代工业服务的现代服务业行业。工业的发展从供给和需求两方面创造了现代服务业的发展条件。

4. 专业化对现代服务业发展的影响

专业化对现代服务业发展的影响在2003～2013年关联序中排序中位列第四，在2003～2008年位列第八，在2009～2013年位列第一，这说明了专业化对现代服务业发展的影响越来越重要。实际上专业化是现代服务业发展的基础和保障，现代服务业的发展归根到底取决于专业化的各层次人才队伍的数量和质量。2003～2013年，厦门市现代服务业就业人员由90 235人增长到458 730人，占总就业的比重由8.04%增长到16.5%，现代服务业增加值占服务业的比重由2003年的44.7%增加到52.2%，就业人员的专业化极大地推动了现代服务业的发展。

5. 信息化对现代服务业发展的影响

总的来说，信息化与现代服务业的发展有较高的关联度关系，关联度为0.52。信息化在这三个期间的排序波动性比较大，呈现出2003～2008年第一，降到2009～2013年第八，最后2003～2013年为第五。其原因是，作为信息化的二级指标：移动电话到达数占全市户籍总户数比重和固定电话用户达到数占全市户籍总户数比重，这两个指标在2003～2008年增长速度较快，但是，在2009～2013年的增长速度有所下降。

6. 标准化对现代服务业发展的影响

标准化与现代服务业的发展关系较为密切，现代服务的核心问题在于服务模式的创新，通过技术创新整合技术因素和管理因素等多种综合因素；同时科技创新和技术成果转化对现代服务业市场分工，形成自己独有的品牌具有一定的促进性，然而把科技成果真正转化为现代服务业企业所能创造的价值成果技术时也面临着很多问题。

7. 市场化、现代交通基础设施和经济水平对现代服务业发展的影响

市场化、现代交通基础设施和经济水平对现代服务业发展的影响在2003～2013年关联度都达到0.52。市场化是现代服务业发展的基础和保证；现代交通基础设施是现代服务业发展的基础和依托；经济发展水平决定了现代服务业需求水平，同时也决定了现代服务业的发展水平。

与服务业关联度最高的前三个影响因素分别为专业化、工业化和经济水平；与现代服务业关联度最高的前三个影响因素则分别为国际化、城市化和工业化水平。专业化是服务业发展最重要的推动力，而厦门市现代服务业的发展则与国际化关系最为密切。工业化水平是服务业和现代服务业重要推动力。经济水平的提高会较快推动服务业的发展，现代服务业的发展则需要较高城市化的支撑。

4.3 发展厦门市服务业与现代服务业的政策建议

厦门经济向服务经济转型是一个渐进的过程，在这个过程中会遇到很多的问题。针对前面灰色关联动态分析出来的各种主要因素，提出以下几点政策建议。

4.3.1 促进服务业健康有序协调发展

工业化对服务业发展的影响在 2003 ~ 2013 年关联序中排序中位列第二，对现代服务业发展的影响在 2003 ~ 2013 年关联序中排序中位列第三，这说明了工业化对服务业和现代服务业发展的重要影响。

为了促进服务业健康有序协调发展，首先，促进厦门市三次产业间协调发展。在经济发展过程中，三次产业是次第发展的，同时，三次产业又相互依存。第一、第二产业是第三产业发展的基础，第三产业反过来促进带动第一、第二产业的发展。因此从持续有效促进经济发展的角度来考虑，当前产业结构调整的重点除大力发展第三产业外，也不能忽略第一、第二产业的发展，必须保证三次产业间的协调发展。这样才能有利于厦门市经济的持续、快速和健康发展。当然，厦门是厦泉漳一体化甚至是海西地区的中心城市，作为厦门市服务业基础的第一、第二产业并不完全甚至在相当程度上并不是以厦门市辖区范围内的第一、第二产业为基础的，应当从更大范围更高层次来考虑厦门的服务业的发展空间与基础。其次，促进厦门市服务业内部协调发展。传统产业和新兴产业都是服务业不可分割的重要组成部分。传统服务业是现代服务业发展的基础，现代服务业赋予传统服务业以时代特色。因此在优化厦门市服务业内部结构上，应继续发展传统服务业，提高它们的组织化程度和社会化水平，增强支持现代服务业发展的能力，与此同时，应适应居民收入水平的提高和消费层次的升级，以市场为导向，大力发展现代服务业，促进厦门市服务业内部的整体协调发展。

4.3.2 大力发展职业技术教育，为服务业和现代服务业的发展提供人才支撑

专业化对服务业发展的影响在 2003 ~ 2013 年关联序中排序第一，关联度均

达到 0.79 以上，这充分说明了专业化是厦门服务业发展影响因素中的首要因素。发展现代服务业的关键是专业型的服务型人才，拥有现代技术和文化素养的高质量服务型人才，必将加快推动产业结构的高级化演变。然而现代服务业的发展所需人才的输送不仅需要现有的高等院校来满足，而且需要专门的现代服务职业教育来完成。因此，我们必须改变轻视职业教育的固有观念，树立职业教育必须面向市场的理念，坚持以就业为导向，建立新的机制和办学模式。产业结构调整、产业层次提升对技能型人才提出了更高的要求，因此大力发展职业技术教育，促进人才供给与产业的高度衔接，可以为厦门市产业升级提供有力支撑。一直以来，厦门市依托厦门及其周边地区雄厚的制造产业基础，大力发展职业教育，将产业转型和发展与职业教育融为一体。2013 年厦门市共有高职专 11 所，中职专 18 所。但是厦门市职业教育也存在专业设置重复、实用性不高，各学校之间资源不能共享、学生缺乏实训以及社会认同度不高等难题。因此建议：整合有限教育资源，加大财政经费投入，重点补助开设与厦门及其周边地区重点发展产业，如 LED 产业、动漫产业对接的专业，使专业与企业捆绑发展；借鉴上海市做法，由政府集中投资，建立一个覆盖区域经济各种工种的功能齐全、技术先进的公共实训基地，避免各院校间重复建设，减少投资浪费，达到资源共享，走培训设施投资集约化、效益最大化的新路；今后，厦门市应该以厦泉漳甚至整个海西地区的制造产业为基础，大力发展职业教育，将产业转型和发展与职业教育融为一体。

4.3.3 抓住国际产业转移机遇，主动扩大开放、引进外资，提升现代服务业的国际竞争力

国际化对现代服务业发展的关联序排序在 2003 ~ 2013 年关联序中排序第一，关联度均达到约 0.71，这充分说明了国际化对厦门现代服务业发展的重要作用。厦门要实现服务业现代化和转型升级，必须坚持扩大开放、引进外资，积极参与目前正在展开的全球服务贸易自由化进程。坚持实行开放带动战略，以扩大开放推动现代服务业体制和管理的创新，全面优化现代服务业的行政和法律环境；积极参与现代服务业全球化，加快承接服务业的跨国转移，同时从供给和需求两方面促进经济结构调整和产业结构的优化升级，鼓励厦门服务企业“走出去”，实现服务业的双向开放。未雨绸缪，加大对跨大西洋贸易与投资伙伴协定（Transatlantic Trade and Investment Partnership，TTIP）、跨太平洋伙伴关系协议（Trans-Pacific Partnership Agreement，TPP）和诸（多）边服务业协议（Plurilateral Services Agreement，PSA）等地区自由贸易协定的研究，根据服务贸易自由化的发展方向，调整现有的国内服务业管理体制，把握先机，提前预热，以利抓住地区贸

易和服务的一体化机遇，提升厦门现代服务业的国际竞争力，积极参与全球范围的服务贸易竞争。

4.3.4 借海西之势，缔造海西金融中心

从2009~2013年厦门现代服务业分行业增加值占服务业比重来看，房地产与金融业交替占据前两位。2009年国务院出台的《关于支持福建省加快建设海峡西岸经济区的若干意见》以及厦门经济特区扩大到全市也为厦门构建两岸区域性金融服务中心创造了绝好机遇。因此，我们应积极鼓励厦门市发挥在体制机制创新方面的试验区作用，扩大金融改革试点；鼓励地方金融机构大胆引进境内外战略投资商，广泛引进海外资本，同时应鼓励本市的民营资本加入股份参与竞争；应持续加强对台金融合作，借鉴台湾金融管理经验，联手台湾建立区域性金融服务中心；继续出台政策鼓励支持厦门市地方金融企业向周边城市设立机构、延伸发展业务，为缔造厦门海西金融中心的地位更好地发挥辐射作用。

4.3.5 促进房地产业健康稳定有序发展，促进厦门市服务业升级

房地产业是厦门另一颇具增长优势的行业，因此拥有健康稳定有序发展态势的房地产业也可以有效地促进厦门市服务业升级、促进厦门地方经济的发展。我们建议可从以下方面入手促进厦门房地产市场的健康有序发展：充分发挥土地资源的调控作用，正确保障土地供给，缓解供求矛盾；健全住房保障制度，调整住房供应结构，做到房地产“低端有保障、中端有支持、高端有市场”，满足不同群体的居住要求；坚持正确的舆论导向，提倡正确的消费观念，引导广大居民树立梯度住房消费理念；加大对岛外基础设施的配套建设，积极推进岛内外一体化建设，引导楼市拓展岛外空间。

4.3.6 逐步消除城市化的制度障碍，加快城市化进程，以此推动现代服务业的快速发展

城市化对现代服务业发展的关联序排序在2003~2013年关联序中排序第二，关联度达到0.65，这充分说明了城市化对厦门现代服务业发展的重要作用。国内外的大量事实证明，城市化的进程主要取决于经济发展水平和工业化发展阶段，但也与政府政策及制度环境息息相关。现代服务业必须融入现代城市的综合功能，满足现代人群和现代化城市的发展需求。厦门应充分利用厦泉漳一体化的历史机遇，在改变厦泉漳的城乡二元结构，推动城市化进程的过程中，加强组织领导，强化政策扶持，优化城镇发展环境，培育城镇工商文化，从而带动服务消费增长和服务就业总量的提高，推进服务业的快速发展和服务业结构的转换。

4.3.7 以全面推行负面清单管理为重点，形成行政体制改革的综合性改革方案，实现政府职能转变的新突破，发挥市场与政府的双重作用，促进服务业又好又快发展

厦门市应该发挥自己在经济特区发展过程中所形成的敢于先行先试的优良传统，在处理政府和市场的关系方面先行一步。尽快全面推行负面清单管理为重点，形成行政体制改革的综合性改革方案，实现政府职能转变的新突破。全面实施负面清单管理有利于明确界定政府与市场边界，有利于实现政府向市场的放权到位，有利于倒逼行政权力结构调整优化，有利于建设法治政府，并实现政府与市场关系法定化。坚持以市场化取向的改革，充分发挥市场竞争机制配置资源的主导作用，营造现代服务业发展的体制环境。实施有效的公共政策，充分发挥政府“有形的手”的积极作用。放宽市场准入，增强市场机制自动调节作用，积极鼓励非国有经济在更广泛的领域参与现代服务业发展，形成与国有经济企业公平合理的竞争格局，营造现代服务业产业公平竞争的环境。同时增加民间资本及外商投资资本的形成，改善政府服务，制定鼓励和优惠的财税政策。

第5章 厦门市教育问题研究

党的十八大报告指出，教育是民族振兴和社会进步的基石，要办好学前教育，均衡发展九年义务教育，基本普及高中阶段教育，加快发展现代职业教育，推动高等教育内涵式发展，积极发展继续教育，完善终身教育体系，建设学习型社会。报告同时强调要进一步推动服务业特别是现代服务业发展壮大。现代服务业一般包括信息传输、计算机服务和软件业，金融业，房地产业，租赁和商务服务业，科学研究、技术服务和地质勘查业，水利、环境和公共设施管理业，教育业，卫生、社会保障和社会福利业，文化、体育和娱乐业。教育业是现代服务业的重要组成部分，教育业的进一步发展，不仅可以促进现代服务业的发展，推进经济结构战略性调整，而且能够进一步夯实民族振兴和社会进步的基石。

《厦门市中长期教育改革和发展规划纲要（2010—2020年）》指出，城乡教育、各级各类教育发展不均衡现象依然存在；学前教育、继续教育有待进一步发展完善；素质教育的理念尚未深入人心，中小学生课业负担仍然过重；教育体制、机制改革仍然滞后，地方教育法规尚待健全；教育投入机制还不完善，教育经费在不同教育层次之间的分配还不尽合理；教师的师德和专业素质还有待提高，教学模式和方法还不能适应素质教育的要求；义务教育因进城务工人员随迁子女人数快速增长而面临压力；职业教育仍未满足地方经济发展对创新型、技能型人才的需求，教育服务经济社会的水平和层次还须提升。

服务业已经成为厦门新一轮重要的经济增长点，加快发展服务业已经成为厦门市国民经济发展的重大战略任务。如何进一步发展现代服务业的重要组成部分之一的教育业，不仅要从教育业发展规律方面进行研究，也非常有必要从经济学的角度进行分析和探讨。本章参考党的十八大报告及厦门市教育纲要的相关内容，重点研究厦门市基础教育（学前教育、义务教育）均等化和进一步发展职业教育的相关问题，为厦门市现代服务业的发展提供智力支持。

5.1 厦门市教育的总体概况

改革开放以来，厦门市委、市政府把教育摆在优先发展的战略地位，教育事业取得了巨大成就：在全省率先实现高水平高质量普及九年义务教育，率先全面普及高中阶段教育，率先进入高等教育普及化阶段；教育改革不断深化，办学水平日益提升，通过发挥“侨、台、特、海”优势，对台、对外教育交流合作卓有成效，人民群众对教育改革发展的满意度不断提高，教育发展更具生机与活力，为特区经济社会发展做出了重要贡献；厦门教育的发展重心已由以追求数量、规模为特征的外延发展阶段，跨入以追求质量提高、均衡发展为特征的内涵发展阶段。

截至2014年底，全市共有各级各类学校1 258所，比2005年增加了14%。其中增长最快的是幼儿园和普通本专科高等学校，分别增长了45%和42%，反映了厦门这两种教育需求的增长速度之快（见表5－1）。毕业生数为304 137人，其中增长最快的是普通高等学校本专科毕业生，增长速度为289%，其次是研究生、幼儿园、成人学校毕业生和技工学校毕业生，增长速度分别为166%、161%、153%和123%，从这些数据来看，厦门市的高等教育、学前教育和成人教育发展速度相对较快。各级各类学校的招生数为221 802人，其中幼儿园和小学的增长速度较快，分别比2005年增长了143%和111%，小学的学校数尽管有所下降，但是招生数增长速度迅猛。2014年各级各类学校的在校生人数为853 960人，增长较快的前三位分别是成人学校、幼儿园和普通本专科高等学校，增长速度分别为184%、147%和145%。从以上这些数据来看，厦门市教育的发展向义务教育前后延伸的趋势比较明显，即随着经济和社会的全面发展，教育业发展到了更高的层次。

表 5-1　　　　　　　　**厦门市教育的总体概况 1**

项目	学校数（所）	增长（%）	毕业生数（人）	增长（%）	招生数（人）	增长（%）	在校生数（人）	增长（%）
2014 年合计	1 258	14	304 137	101	221 802	65	853 960	81
普通学校	1 102	16	163 326	67	215 633	66	701 277	66
研究生			3 684	166	4 654	38	14 494	61
普通高等学校本专科	17	42	40 678	289	46 651	96	152 546	145
普通中等学校	111	-8	48 345	8	62 045	7	171 320	9
中等职业学校(机构)	18	-45	7 910	5	12 502	-8	33 837	4
技工学校	3	0	1 753	123	2 412	37	6 566	52
普通中学	90	7	38 682	6	47 131	11	130 917	9
小学	296	-15	32 625	23	48 607	111	240 905	68
特殊教育学校	4	0	132	30	69	-13	440	11
幼儿园	674	45	37 862	161	53 607	143	121 572	147
成人学校	156	-1	140 811	153	6 169	39	152 683	184
成人高等学校			4 066	7	6 169	39	16 632	74
成人中等学校	156	-1	131 972	160			130 471	207
成人初等学校			4 773				5 580	

注：单位为%的列表示 2005～2014 年的相关指标的变化率。

从在校生性别结构来看（见表 5-2），截至 2014 年底，在校女生为 442 729 人，比 2005 年增长 89%，占全部在校生的比例为 51.8%。成人学校、高等学校本专科和幼儿园在校女生的增长速度较快，分别达 193%、171% 和 156%，体现了厦门市教育性别平等方面的快速发展。教职工总数为 61 591 人，其中增长较快的分别是幼儿园、成人学校和本专科高等学校，增长率分别是 147%、146% 和 66%。专任教师人数为 44 360 人，增长较快的分别是特殊教育学校、幼儿园和本专科高等学校，增长率分别是 170%、199% 和 102%，体现了厦门市教育相对进入了以质量提高为特征的内涵发展阶段。从平均每专任教师负担学生数来看，2014 年为 21 人，与 2005 年比略增 5%，特殊学校和幼儿园下降比例较大，成人教育和本专科高等学校的负担人数则高于 21 人，分别为 25 人和 23 人。

表 5-2　　厦门市教育的总体概况 2

项目	在校女生数（人）	增长（%）	教职工数（人）	增长（%）	专任教师（人）	增长（%）	平均每专任教师负担学生数（人）	增长（%）
2014 年合计	442 729	89	61 591	48	44 360	72	21	5
普通学校	336 942	70	57 964	44	42 615	70	17	-6
研究生	7 239	70						
普通高等学校本专科	76 283	171	16 395	66	9 825	102	16	23
普通中等学校	79 984	5	15 626	32	11 927	29	15	-17
中等职业学校(机构)	14 647	-10	2 157	23	1 726	45	20	-31
技工学校	1 361	22	389	64	240	28	26	18
普通中学	63 976	9	13 080	33	9 961	27	14	-13
小学	116 259	74	12 364	-9	13 169	56	20	11
特殊教育学校	162	-3	166	-69	243	170	2	-60
幼儿园	57 015	156	13 413	147	7 451	199	17	-15
成人学校	105 787	193	3 627	146	1 745	126	101	25
成人高等学校	13 491	49						
成人中等学校	88 184	226	3 502	140	1 697	120	86	39
成人初等学校	4 112		125		48		106	

注：单位为%的列表示 2005～2013 年的相关指标的变化率。

厦门市教育的发展重心已由以追求数量、规模为特征的外延发展阶段，跨入以追求提高质量、均衡发展为特征的内涵发展阶段。

5.2　厦门市基础教育岛内外均等化问题研究

5.2.1　厦门市基础教育现状

1. 概况

截至 2014 年底，全市共有普通中学 90 所，年内招收学生 47 131 人，年末在校生 130 917 人；小学 296 所，招生人数 48 607 人，在校生 240 905 人；幼儿园 674 所，在园人数 121 572 人；各级特殊教育学校 4 所，在校学生 440 人。在各中学、小学、幼儿园和特殊教育学校中任职的专任教师 30 824 人，平均每一教师负担学生 16 人（见表 5－1）。

2. 主要发展指标

从 2011～2013 年厦门市财政预算内教育拨款支出与地方级财政收入情况表来看，2011 年和 2013 年的财政预算内教育拨款的环比增长率为负，远低于 2011 年和 2013 年方级财政收入的环比增长率；只有 2012 年的财政预算内教育拨款增长率高过 2012 年的财政收入增长率（见表 5－3）。

表 5－3　2011～2013 年厦门市财政预算内教育拨款支出与地方级财政收入情况

年份	财政预算内教育拨款		地方级财政收入	
	数值（万元）	环比增长（%）	数值（万元）	环比增长（%）
2010	108 483.30		2 891 748	
2011	106 791.25	－1.6	3 706 827	32.6
2012	132 857.59	24.4	4 229 089	14.1
2013	120 845.08	－9.0	4 905 996	16

从 2011～2013 年厦门市预算内教育经费占财政支出比例来看，3 年平均占比为 2.6%，2012 年最高，2013 年为最低，分别为 2.9% 和 2.3%（见表 5－4）。

表 5－4　2011～2013 年厦门市预算内教育经费占财政支出比例情况

单位：万元

年份	财政预算内教育拨款	地方财政支出	教育拨款占地方财政支出的比例（%）
2011	106 791.25	3 888 581	2.7
2012	132 857.59	4 607 139	2.9
2013	120 845.08	5 228 795	2.3

从 2005～2014 年厦门市中小学校生师比的总体来看，幼儿园、小学和普通中学的生师比都呈下降趋势，2013 年生师比最高的为小学的 20，其次为幼儿园的 17，最低为普通中学的 14（见表 5－5）。从可获得的全国和全省的数据来看，2010 年全国的小学、普通初中和普通高中生师比分别为 18、15 和 16，厦门市的

小学、普通中学的相关数据则分别为20和14（见表5－6），即小学生师比高于全国，但是普通中学生师比则低于全国。另外，厦门的小学生师比高于全省(15)，但是普通中学生师比则略高于全省（全省普通初中和普通高中生师比分别为13、14）。由此可见，厦门市小学教师资源不足问题较为突出。

表5－5　　2005～2014年厦门市中小学校生师比

年份	生师比		
	幼儿园	小学	普通中学
2005	20	18	16
2006	21	19	15
2007	21	19	14
2008	22	19	14
2009	23	19	13
2010	24	20	14
2011	23	22	14
2012	22	23	14
2013	21	22	14
2014	17	20	14

表5－6　　2006～2014年厦门市中小学生班比

年份	生班比		
	小学	初中	高中
2006	39.59	46.47	46.69
2007	40.06	45.53	45.39
2008	40.29	44.28	44.27
2009	40.22	43.94	44.19
2010	40.95	44.23	43.77
2011	41.69	44.94	43.76
2012	42.84	44.93	44.14
2013	43.29	46.05	44.42
2014	44.02	46.54	44.73

从 2006 ~ 2014 年的中小学生班比来看，厦门市中小学的班生数均不超过 50 人，表明厦门的教育资源相对充足，中小学大班或超大班的现象基本不存在。小学的生班比略有上升，表明小学资源相对不足；初中的生班比基本不变；高中生班比略有下降。2014 年的小学、初中和高中的生班比分别为 44、47 和 45，相对较合理。

从表 5 －7 的数据来看，厦门市大中小幼在校生数占全市常住人口的比重从 2005 年的 16 个百分点逐年提升至 2014 年的 19 个百分点，表明厦门市的教育规模不断扩大。平均每 10 万人口中幼儿园在园人数和大学生在校生人数呈逐年上升趋势，表明厦门市的学前教育和高等教育发展迅速，办学规模扩大效果明显。2005 ~ 2014 年的每 10 万人口小学生人数略有较大波动，最终相差 1 167 人；2005 ~ 2014 年平均每 10 万人口中中学生人数下降明显，2014 年最低为 4 673 人，比 2005 年相差 1 330 人。

表 5 －7　　2005 ~ 2014 年厦门市每十万人口在校生数和学生构成

年份	大中小幼在校生占全市人口（%）	平均每 10 万人口（人）				在校生构成（%）			
		幼儿园	小学生	中学生	大学生	幼儿园	小学生	中学生	大学生
2005	15.9	1 867	5 662	6 003	2 366	11.7	35.6	37.8	14.9
2006	16.3	2 059	5 613	5 841	2 777	12.6	34.5	35.9	17.0
2007	16.3	2 123	5 604	5 443	3 100	13.1	34.4	33.5	19.1
2008	16.0	2 153	5 404	5 068	3 341	13.5	33.8	31.7	20.9
2009	16.2	2 391	5 390	4 841	3 614	14.7	33.2	29.8	22.3
2010	15.8	2 462	5 290	4 476	3 609	15.5	33.4	28.3	22.8
2011	16.7	2 862	5 753	4 373	3 760	17.1	34.3	26.1	22.4
2012	17.6	3 113	6 090	4 451	3 923	17.7	34.6	25.3	22.3
2013	18.4	3 259	6 459	4 593	4 090	17.7	35.1	25.0	22.2
2014	19.0	3 309	6 829	4 673	4 156	17.4	36.0	24.6	21.9

5.2.2　基础教育岛内外差异情况分析

1. 岛内的义务教育按时完成率远高于岛外

从表 5 －8 来看，厦门市全市义务教育按时完成率均在 100% 以上，表明厦门市已基本实现“双高普九”。但岛内与岛外的义务教育按时完成率相差巨大。从发展趋势上看，岛内的义务教育按时完成率呈下降趋势；岛外的义务教育按时完成率也呈现下降趋势。从岛内外对比来看，2012 年岛内和岛外义务教育按时完成率相差 122 个百分点；2014 年岛内和岛外义务教育按时完成率相差 119 个百分点。究其原因，主要有：第一，岛外义务教育阶段的学龄人口往岛内区域流动趋势明显；第二，非本市户籍的义务教育阶段的学龄人口主要在岛内区域聚集。

表 5－8　2012～2014 年厦门市岛内外义务教育按时完成率　单位：%

年份	义务教育完成率		
	全市	岛内	岛外
2012	182.65	262.17	139.82
2013	168.38	243.87	127.31
2014	160.77	237.08	117.72

注：义务教育完成率＝初中毕业生÷九年前小学招生数×100%。

2. 岛内的基础教育的生班比高于岛外

2010 年，岛内基础教育各阶段的在校生人数均高于岛外，但是 2014 年岛外的幼儿园和小学的在校生人数已经超过了岛内，这可看出这些年来厦门市实施岛内岛外教育一体化战略的实效。但是从基础教育各阶段生班比来看，2010 年岛内基础教育各阶段的生班比均高于岛外，而且这一特点到 2014 年基本没有变化（见表 5－9）。小学教育的生班比岛内外差异最大，2014 年厦门市小学阶段生班比的岛内外差异值达到 6.3，说明岛内小学的数量少，但学校及班级的规模较大，就学压力大于岛外；岛内外幼儿园、初中的生班比差异次之，分别为 4.6 和 4.4；高中阶段的生班比岛内外差异最小。

表 5－9　2010 年、2014 年厦门市城乡中小学幼儿园在校生数和生班比

年份	类别	在校生数（人）				生班比			
		幼儿园	小学	初中	高中	幼儿园	小学	初中	高中
2014	全市	126 079	260 174	91 920	44 511	28.6	44.0	46.5	44.7
	岛内	58 928	122 523	48 571	22 381	31.2	47.6	48.7	45.4
	岛外	67 151	137 651	43 349	22 130	26.6	41.3	44.3	44.1

续表

年份	类别	在校生数（人）				生班比			
		幼儿园	小学	初中	高中	幼儿园	小学	初中	高中
2010	全市	87 659	188 340	79 166	42 461	29.3	41.0	44.2	43.8
	岛内	46 264	98 824	40 473	21 774	31.0	46.6	44.9	43.8
	岛外	41 395	89 516	38 693	20 687	27.7	36.1	43.5	43.7

3. 岛外基础教育的硬件条件进一步改善

2010 年岛内幼儿园无论在生均校舍面积还是在生均图书册数方面均高于岛外，但是到了 2014 年，岛外的生均校舍面积已经超过岛内（见表 5－10）。2014 年岛外小学的生均校舍面积、生机比和生均图书册数均超过岛内。这说明，经过努力，厦门市岛外小学和幼儿园在“硬件”方面得到极大的改善，缩小了岛内外学校办学条件的差距，厦门市在促进教育均衡发展方面的效果显著。但是，从数据中也可以看出一些问题：一是岛内基础教育的需求旺盛，但岛内基础教育生源的增长速度与校舍面积的增加速度不相协调；二是城市教育资源的建设拓展空间有限；三是岛外的适龄儿童逐步往岛内流动，造成岛内的基础教育压力相对紧张，而岛外则相对宽松。

表 5－10　　2010 年、2014 年厦门市岛内外小学和幼儿园办学条件对比

年份	类别	幼儿园		小学		
		生均校舍面积（平方米）	生均图书（册）	生均校舍面积（平方米）	生机比（%）	生均图书（册）
2014	全市	7.1	6.0	6.2	13.2	23.0
	岛内	6.7	7.3	5.3	10.4	22.0
	岛外	7.5	4.8	6.9	15.7	24.0
2010	全市	5.9	4.0	6.3	15.2	20.6
	岛内	6.7	5.4	5.6	12.6	20.7
	岛外	5.0	2.6	7.2	18.0	20.5

4. 岛内外师资差异

2014 年，岛内每万人人口中中学教师数高于岛外，中学相差 193 人（见表 5－11）。岛内小学和幼儿园每万人人口中教师数低于岛外，小学相差 51 人，幼儿园相差 130 人。说明岛内的小学幼儿园教师资源相对紧张，岛外的中学教师资源相对不足。

表 5－11　　2014 年厦门市岛内外每万人人口中中小幼教师人数一览

单位：人

类别	每万人口中教师人数		
	中学	小学	幼儿园
全市	1 063.9	447.9	841.2
岛内	1 166.8	420.7	779.0
岛外	973.5	472.1	908.7

厦门市岛内外基础教育发展的不均衡，原因是多方面的。可以归因于岛内外经济发展水平的差异、产业结构的差异、城市化进程的差异和城乡收入水平的差异等方面。《厦门市教育纲要》指出，城乡教育、各级各类教育发展不均衡现象依然存在，市民对优质教育资源的需求不断增长与优质教育资源不足的矛盾依然存在。尽管厦门市这些年在均衡发展岛内外教育方面取得了许多成绩，但是还有许多工作要做。

5.2.3　提高厦门市基础教育发展水平，缩小岛内外发展差距的建议

1. 加大投入，切实保障义务教育均衡发展

教育投入是教育发展的前提，也是缩小区域间教育发展差距的基础。基础教育的投入主要来源于政府投入，特别是解决区域间教育发展差距问题，很大程度上依赖于政府对于薄弱地区教育的财政转移支付。市区两级财政要继续确保《教育法》规定的教育经费“三个增长”的实现。一是依法加大政府对教育经费的投入。拓宽教育经费筹措渠道。税务部门按规定足额征收教育费附加，专项用于教育事业。义务教育全面纳入财政保障范围。学前教育实行政府、社会举办者、家庭合理分担的投入机制，加大政府投入力度。普通高中以财政投入为主、多种渠道筹措经费为辅，适度提高财政投入水平。二是鼓励有条件的学校设立教

育发展基金会，接收社会和校友的捐赠，完善基金运作机制。鼓励企业、社会团体和个人投资教育，捐赠教育事业。三是加大专项投入，保证教育重大工程和教改试点的实施。继续加强农村义务教育体系建设，确保顺利完成中小学校舍安全工程，并健全农村中小学校舍维修投入长效机制。四是严格执行财务制度，严肃财经纪律，建立教育经费绩效考评体系，提高经费使用效益。保障教育优先规划，公共资源优先满足教育发展与人力资源开发需要。

2. 统筹兼顾，优化岛外教育资源配置，促进岛内外教育一体化建设

厦门市基础教育发展水平主要取决于农村教育发展水平的高低。综合分析可以发现，厦门市岛内和岛外基础教育二元结构依然明显，师资水平、教科研理念和管理水平等“软件”是厦门市岛内和岛外基础教育差异中的“软肋”，农村教育问题是厦门教育发展过程中必须迈过的一道坎。应该努力缩小区域差距，统一城乡义务教育学校的办学经费、设备配置和质量评价标准，加快推进岛内外义务教育一体化。加大市财政转移支付力度，保证农村义务教育事业顺利发展。进一步落实城乡义务教育完全免费。进一步整合农村义务教育资源，提升农村公共教育服务水平。加大力度缩小校际差距。进一步落实义务教育学校标准化建设，统一教学设备、图书、校舍等资源配置标准。完善教师合理流动机制，促进校长、教师在城镇学校和农村学校、优质学校和薄弱学校之间合理流动。指导农村学校部分富余教师的转岗培训和分流，坚决制止用代课教师替代编制内教师的做法。采取联合办学、委托管理等方式，优质学校与薄弱学校、农村学校建立长期稳定的“校对校”对口支援关系。着力改善薄弱学校的办学条件，全面提升其教育教学质量。早日实现全市义务教育学校在办学条件、管理水平和教育质量等方面的基本均等。

3. 政校分离，创新教育管理模式

教育管理是为教育改革、提高教育效益与教育质量服务的，教育管理创新决定教育创新、最后决定创新人才的培养。教育管理模式的创新是深化教育体制改革的其中一环。厦门现有的教育管理模式主要是以“政府—教育行政部门—学校”的三级统筹管理模式，政府和教育行政部门对教育事务的实质性干预过多，大部分教育资源往高位聚集并进行分配，而位于管理层级最底层的学校很难有人、财、事的自主权，特别是到了管理层末梢的农村小学，学校的人、财、事权则更小，很大程度上制约了农村小学的发展。应转变职能，大胆放权，促使教育管理模式从“政校合一”向“政校分离”转变。明确校长是教育管理的主体和基础，形成以“校长负责制为主，政府管理部门定期评估和监督为辅”的新的教育管理模式，“由原来对学校具体办学活动进行直接干预和微观管理，转变为运用政策、拨款等手段进行间接干预和宏观管理”，逐步建立和完善有效地教育调控机制。探索建立现代学校制度，落实学校办学自主权，完善学校内部治理结构，形成“依法办学、自主管理、民主监督、社会参与”的机制，增强学校办学活力。试行校长职级制，完善中小学校长负责、党组织发挥政治核心作用、教职工代表大会和工会参与管理与监督的制度，积极推动社区、学生及家长对学校管理的参与和监督。健全校务公开制度，接受师生员工和社会的监督，提高学生、社会对学校的满意度。

按照我国的国情，基础教育发展可以分为四个阶段：第一阶段是初级阶段，也就是普及义务教育阶段，主要是让每一个适龄儿童都能享受平等的教育权利和均等的受教育机会；第二阶段是中级阶段，主要以提供相对平等的受教育机会和合理配置的教育资源为基础，基本满足人民群众就学和受教育的需要；第三阶段是高级阶段，是以深化教育改革，加强学校内部建设，追求教育质量，充分调动每个学生的学习潜能为目标；第四阶段是理想阶段，即教育资源比较充足，不同区域、不同层级受教育群体之间的差别很小，能满足每个人个性化教育的需要，每个学生均能获得学业成功。厦门市已基本完成基础教育发展初级阶段的目标，正向中级阶段的目标迈进。要继续推进厦门基础教育的发展，就要继续处理好经济发展和教育发展的关系，建立科学合理的教育发展机制，大力推进岛内外学校一体化建设，促进教育均衡化发展，提倡依法治教，鼓励教育改革与教育创新。

5.3 进一步发展厦门市职业教育问题研究

5.3.1 厦门职业教育发展现状

1. 现代职业教育战略地位基本确立

新世纪以来，厦门发展职业教育的政策体系日臻完善。2005 年 1 月，厦门市人民政府办公厅印发《厦门职业教育发展规划（2004—2010 年）》，指出今后一个时期是厦门市建设海峡西岸经济区重要中心城市的关键时期，将为厦门职业教育发展提供良好的发展机遇。推进职业教育与社会进步、经济建设协调发展，培养适应现代化建设的高素质劳动者和高技能人才，是当前具有战略意义的紧迫任务。2011 年 3 月，厦门市教育局发布《厦门市中长期教育改革和发展规划纲要（2010—2020 年）》，指出要大力发展职业教育，科学统筹职业教育发展。切实履行好政府发展职业教育的职责，制定完善职业教育支持政策，建立全市职业教育发展协调机制，构建现代职业教育体系，把厦门建设成为在海峡西岸具有示范、带动、辐射作用的技能型人才培养高地。明确了职业教育在整个教育体系中的重要地位，指明了职业教育对促进厦门国民经济和社会发展、加快人力资源开发、提升城市竞争力的战略意义，为促进厦门现代职业教育发展提供了政策保障。

2. 特色现代职业教育体系的建设进一步加快

21 世纪以来，在国家大力发展职业教育政策的指引下，厦门职业教育事业取得了长足进展。当前职业教育发展的重要任务是构建符合中国实际、具有中国特色、达到世界水平的现代职业教育体系。立足顶层设计，分步落实相关目标。一是职业教育办学规模不断扩大。2014 年，中等、高等职业教育在校生数分别达到 35 330 人和 48 333 人。2014 年高等职业院校中高级职称教师占专任教师的比重达到 68%，较 2006 年末增长 17%。二是职业教育面向社会办学的程度日益提高。各高职院校加强校企合作，开展“订单”培养。开放全市所有的职业学校，主动为企业承担职工培训，面向社会开展职业教育和培训。根据企业岗位需求和培养规格设置专业确定招生人数，为企业定向输送合格劳动者。同时鼓励企业为职业学校提供兼职教师、实训场所和设备，吸引企业在职业学校建立研究开发机构和培训中心。三是职业教育办学条件逐步改善。实训基地、校园网和数字化资源建设全覆盖。在终身教育理念指引下，职业教育与普通教育、继续教育实现了相互贯通，并在现代教育体系中扮演更加重要的角色、发挥更加重要的作用。

3. 职业教育发展规模趋于合理

职业院校肩负着厦门市中高级技术技能人才培养的重任，影响着厦门市职业教育发展的规模、质量和水平。21 世纪以来，厦门市中等职业学校结构日趋优化，高等职业学校顺势成长。2005 ~ 2014 年，中等职业学校数量由初期的 33 所减少到 18 所，降幅高达 45.5%；高等职业学校数量则持续增长，2003 年仅为 2 所，2009 年达到 11 所，“十二五”期间一直维持在 11 所。值得注意的是，虽然中职院校数量持续下降，但在校生数量目前仍占高中阶段教育在校生总数的 41%，而且在“十二五”期间呈现增加趋势，由 2010 年的 31 994 人增加到 2014 年的 35 330 人，增加了 9.44%；高职在校生数量亦持续增长，2014 年达到历史最高的 48 333 人，是 2005 年的 4.48 倍，占高等教育在校生总数的 27.9%（见图 5 - 1）。

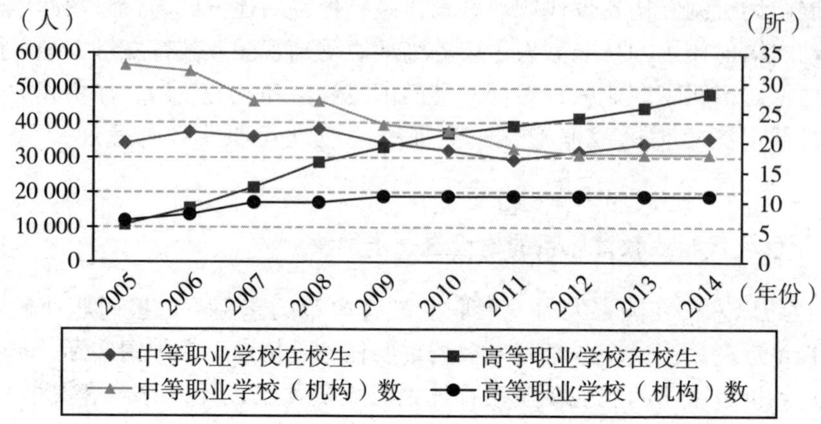

图 5-1　2005~2014 年厦门职业教育机构及在校生情况

资料来源：《厦门统计年鉴》（2005~2015 年）。

从长远来看，扩大职业教育规模对于进一步优化厦门市教育结构、加快普及高中阶段教育以及为经济社会发展提供技能人才支撑具有积极意义。

4. 职业教育经费投入持续加大

随着厦门市职业教育规模不断扩大，各级各类职业教育经费投入也持续增长。2010 年，厦门市职业教育经费投入为 21 993.84 万元。2014 年，职业教育经费投入达到 25 542.37 万元，较 2010 年增长 13.89%。2010~2014 年，职业教育经费投入平均占教育经费总额的 19.74%。从经费投入增长速度来看，职业教育经费投入环比增速平均为 20.7%。经费投入的不断增长，为职业教育的可持续发展提供了良好的物质基础（见图 5-2）。

5.3.2　当前职业教育发展存在的几个问题

1. 经费投入落后于普通教育

教育发展必须依赖于相应的物质投入。职业教育作为一种高成本的教育种类，必须要有充裕的经费投入作为保障。当前，职业教育经费投入虽然保持持续增长，但与同级普通教育相比却存在实际投入不足的问题。

一是职业教育经费投入与其发展规模严重失调。2010~2014 年，中等和高等职业学校在校生数平均分别占高中教育阶段、高等教育阶段在校生总数的 39.58% 和 26.6%，而职业教育经费却平均仅占教育总经费的 19.74%。二是各级职业学校的生均经费普遍偏低。2011~2013 年，中职学生的生均经费为

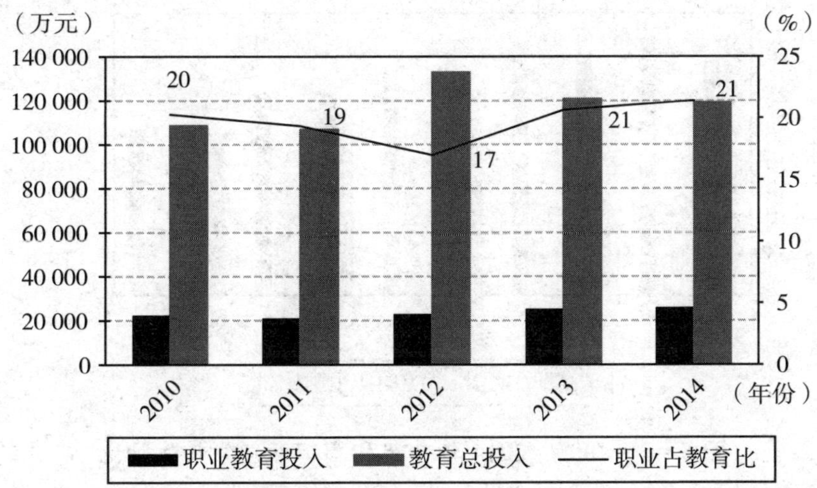

图 5－2　2010～2014 年厦门市教育和职业教育投入情况

资料来源：厦门市教育局官网各年度财政预算决算数据（2010～2014 年）。

9 110 元，普通高中学生的生均经费为 10 095 元，中职学生的生均经费低于普通高中学生 985 元（见表 5－12）。

表 5－12　　中职教育与高中教育生均经费比较　　单位：元

项目	2011 年	2012 年	2013 年
中职教育生均经费	8 983	9 124	9 224
高中教育生均经费	9 206	9 252	11 827

2. 专任教师队伍建设相对滞后

当前，厦门市职业教育专任教师队伍建设应进一步加强。从各级职业学校生师比看，2005 年高职院校的生师比为 15∶1，随着这几年高职院校的不断扩招，到 2014 年高职院校的生师比达到 20∶1，超出了 2006 年教育部《普通本科学校设置暂行规定》所要求的专任教师总数一般应使生师比不高于 18∶1 的标准，这表明从 2011 年以来高职院校专任教师数量不足。2005～2013 年中等职业学校生师比平均为 28∶1，生师比失调问题突出，专任教师缺口很大。直到 2014 年才达到教育部 2010 年《中等职业学校设置标准》所规定的专任教师“生师比 20∶1”的要求（见图 5－3）。

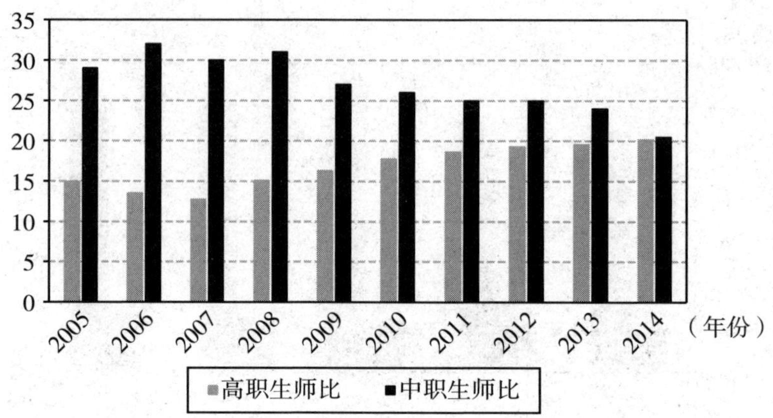

图 5-3　2005～2014 年中等和高等职业学校生师比

注：教师人数=1。

资料来源：《厦门统计年鉴》（2005～2015 年）。

可见，加强职业学校专任教师队伍建设，是当前迫切需要解决的主要问题之一。除了合理调控职业院校教师规模外，还需要持续优化专任教师结构。不断提高中年教师、高学历教师、“双师型”教师和兼职教师的比重，是未来职业院校教师队伍建设的另一个重点。以高职教师队伍为例，2014 年，正高级职称教师占专任教师比为 7.82%，副高级职称教师占专任教师比为 19.64%，中级职称教师占专任教师比为 40.74%。这表明，高级职称教师占比仍然偏低（见图 5-4）。

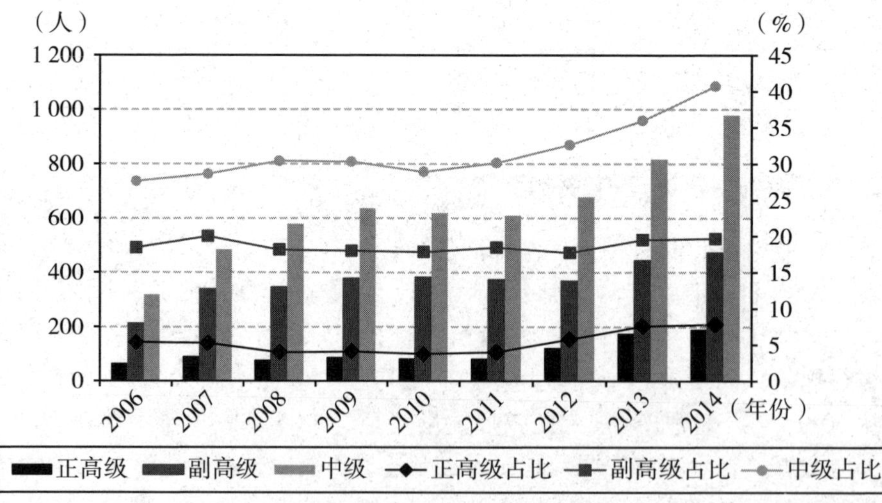

图 5-4　2006～2014 年高职院校教师拥有各级职称人数及占专任教师比

资料来源：《厦门统计年鉴》（2005～2015 年）。

从图5－4中可以看出，“十二五”期间，高职院校中级职称教师增加幅度较大，高级职称教师人数增长缓慢。

3. 职业教育完成率逐年下降

职业教育完成率是指不间断按时完成职业教育的学生的比例。本书采取的计算公式为：

高职教育完成率＝高职毕业生数÷三年前高职招生数×100%

中职教育完成率＝中职毕业生数÷三年前中职招生数×100%

从图5－5可以看出，2009年以来厦门市职业教育完成情况呈逐年下降趋势，而且中职教育完成率明显低于高职教育。职业学院学生流失现象严重一直是学校管理和发展的一个较为突出的问题。由于受一本、二本扩招以及传统思想的影响，职业学院招生困难，招收的学生素质相对不高，流失也就比较严重。这给家庭、职业院校和社会也带来了诸多不利影响，应引起全社会的重视。

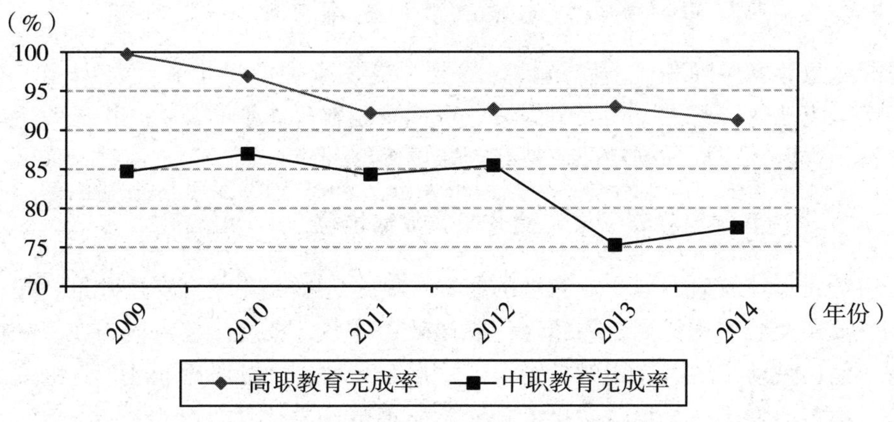

图5－5　厦门市职业教育完成情况

资料来源：《厦门统计年鉴》(2005～2015年)。

职业院校学生流失现象严重，原因有很多。其中，学生自身原因起着主导和决定作用，是学生流失的主要原因。一是有些学生没有明确的学习目标，把学习当成一种负担，最终产生逃避心理。二是有些学生缺乏专业兴趣，许多学生报考高职院校并不是因为自身的选择，而是出于高考失利、成绩不尽如人意的无奈或应付家长的要求而做出的选择。其次，家庭经济困难也是导致一些学生中途退学的重要原因。有些家长发现耗费几年时间和大量金钱供孩子读书，其结果仍是难以找到好的工作，难以改变孩子及家庭的现状，甚至难以收回教育成本，不如让孩子早些投入社会学门手艺，早些赚钱补贴家用，于是学生只能辍学回家。再次，学生退学也与职业院校办学条件、师资队伍建设不尽如人意有关。现有职业院校多数教师职业技能不强，职业教育的能力本位原则难以有效落实。而院校因为资金和资源有限，对教师的培训投入远远不够，使部分教师的知识、技能难以跟上时代的步伐，造成教师教法保守，并且存在“重理论、轻实践”的现象，教学质量难以保证。最终体现在很多学生抱怨学不到实用的东西，丧失了学习兴趣，走人了事。

虽说近几年随着国家对职业教育的重视程度逐渐提高，厦门市的职业教育也在近十年来取得了较大发展，但是学校的教学设施、师资力量、专业结构和课程体系仍然是大部分职业院校的短板。受这些客观条件的制约，职业院校人才培养的质量也受到很大影响。与欧美国家相比，我国的职业教育起步晚，社会对职业教育的偏见是客观存在的，职业院校的社会地位不高，许多人认为上职业院校没前途，而职业文凭在社会上也遭歧视，结果造成了部分学生的流失。

5.3.3 厦门市职业教育未来发展的基本方略

职业教育发展问题，不仅是教育问题，更是重大的民生和经济问题。基于此，未来应抓住国家大力发展中国特色现代职业教育体系的契机，优先解决职业教育发展难题，引导和推动职业教育创造更多红利。

1. 科学统筹职业教育发展，提升职教战略地位

切实履行好政府发展职业教育的职责，制定完善职业教育支持政策，建立全市职业教育发展协调机制，构建现代职业教育体系，把厦门建设成为在海峡西岸具有示范、带动、辐射作用的技能型人才培养高地。充分考虑职业教育的高成本特性，稳定增加职业教育经费投入，逐步缩小与普通教育的投入差距。

2. 改革办学体制，探索多元办学模式

激发市场参与举办职业教育的活力，积极引导和支持行业企业等市场主体参与举办职业教育，逐步扩大民办职业教育份额。积极探索股份制等多种形式的职业教育办学模式，盘活社会优质资源，在职业教育领域形成合理的社会资源投入机制和教育成本分担机制。发挥职业教育集团、职业教育联盟的引领和示范作用，提升职业教育资源的集约化，形成职业教育发展的聚集效应。

3. 吸引优秀人才，优化职教师资结构

采取培养、培训和引进相结合的方式，多渠道吸引优秀职教师资，合理控制职业院校生师比。充分发挥职教师资培养院校的作用，有针对性地培养熟悉职业教育、热爱职业教育、能够真正从事职业教育的师资人才。拓宽兼职教师引进渠道，着力引进具有实践经验的师资，扩大“双师型”教师比例。继续通过职业院校教师素质提高计划等一系列国家师资培训工程，提升在岗职教教师的能力水平。加强内涵建设，多渠道优化职教师资的年龄结构、学历结构、职称结构和能力结构，为职业教育的未来发展提供师资保障。

4. 树立大职教观，加强职教层次衔接

根据中国特色现代职业教育体系建设的相关要求，深入研究中职与高职教育的协调发展问题。遵循从一般技能型人才到高端技能人才的培养规律，加强两者在专业设置、招生考试、课程体系、实习实训、职业资格等方面的衔接。进一步研究高层次职业教育办学问题，构建人才成长立体通道，提升职教人才培养层次与规格。从大职教观的视野出发，积极探索职业教育与普通教育、继续教育的协调发展机制，构建起职业教育与各级教育在人才培养中的联盟与合作机制。大力发展职业继续教育，建立职业教育与企业培训体系的联结与融通，探索新的职业教育发展模式和人才培养模式。把职业教育纳入经济社会发展和产业发展规划，促使职业教育规模、专业设置与经济社会发展需求相适应。

5. 立足产业需求，构建产教融合机制

增强职业教育服务地方经济建设的能力。在布局结构、专业设置、办学规模、育人质量上与培养高素质劳动者、新型农民和新市民的要求相适应，更好地为加快经济发展方式转变服务。紧紧围绕区域产业结构转型升级的需要，动态调整技能型人才培养结构，提升区域产业人才需求与职业院校人才培养间的协调性，形成与区域经济及产业发展相适应的职业教育人才培养体系。构建基于产业发展需要的技能型人才培养培训机制，充分发挥职业教育在人力资源开发中的重要作用。特别是要围绕省市对重点产业人才需求的实际，培养产业发展急需的技能型和高技能型人才，最大限度保证人才培养的针对性和有效性。

6. 提升职业教育吸引力，加大财政投入

完善家庭经济困难学生的资助政策。进一步落实政府为职业学校学生购买工伤保险规定。积极推行“双证书”和行业就业准入制度，执行“先培训，后就业”“先培训，后上岗”的规定。拓宽毕业生继续学习路子，打通技能型人才深造发展渠道，为学生的多元发展创造条件。提高技能型人才的地位和待遇。进一步提高农村初中毕业生进中等职业学校学习的报到率。

5.4 结束语

厦门市基础教育均等化和发展职业教育方面存在的相关问题，恰恰是厦门市教育业今后发展更上一层楼的突破口，也是需要重点发展的方向。从厦门市的厦门市第三产业中教育业占比、教育和第三产业实际增长情况来看，1999～2014年，第三产业中教育业占比均值为5.11%，比全国低1.78个百分点；教育和第三产业实际增长率均值分别为15.25%和13.41%，比全国相关指标分别高2.44个和0.34个百分点；教育业增长率的波动远大于第三产业的增长率变化（见图5－6）。

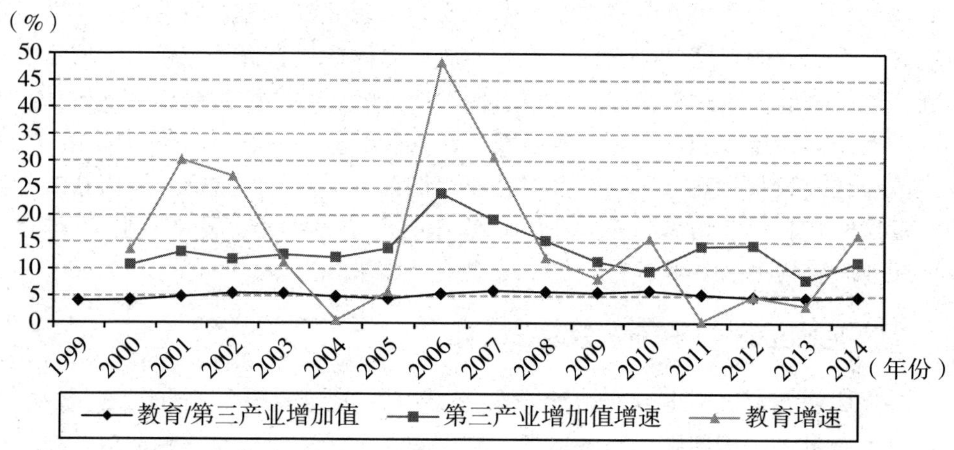

图5－6 厦门市第三产业中教育业占比、教育和第三产业实际增长情况

资料来源：《厦门统计年鉴》（1999～2015年）。

《厦门市中长期教育改革和发展规划纲要（2010－2020年）》指出，今后十年是厦门教育发展的重要战略机遇期。党中央国务院支持福建加快海峡西岸经济区建设，批准厦门经济特区扩大到全市，市委市政府积极推进岛内外一体化建设，加快现代化国际性港口风景旅游城市、海峡西岸重要中心城市建设，为厦门教育的发展提供了重大机遇。

厦门市各级相关部门要坚定不移地把教育摆在优先发展的战略地位，切实保证经济社会发展规划优先安排教育发展，财政资金优先保障教育投入，公共资源优先满足教育和人力资源开发需要；把育人为本作为教育工作的根本要求，坚持德育为先，能力为重，促进学生全面发展；把改革创新作为教育发展的强大动力，发扬厦门经济特区敢为人先、先行先试的精神，在教育重点领域、关键环节取得突破，增强教育发展的生机与活力；把促进公平作为基本教育政策，坚持教育的公益性和普惠性，加快实现岛内外公共教育服务均等化和义务教育高质量均衡发展，保障公民依法享有受教育的权利；把提高质量作为教育改革发展的核心任务，注重教育内涵发展，努力提升教育品质，促进人的全面发展；把服务厦门科学发展新跨越作为教育工作的重大责任，进一步提升教育对经济社会发展的贡献度。

面对经济全球化与高新技术飞速发展，面对厦门经济结构调整和发展方式的转变，面对市民对优质、公平、多样化、终身化教育的需求，必须坚持以人为本，面向未来，放眼世界，科学规划，先试先行，以强烈的使命感和紧迫感办好人民满意的教育。教育业有了大的发展，不仅可以直接促进现代服务业的发展，推进厦门市经济结构战略性调整，而且能够进一步夯实社会进步和经济发展的基石。

第6章 厦门市会展业发展研究

近十年间厦门会展业取得了长足的发展，但是为了达到国内一流、国际知名目标，我们还有许多工作要做。本章首先简单介绍全球及中国会展业的发展现状及态势，然后重点说明厦门市会展业的现状和存在的问题，为进一步发展厦门市的会展业提出相应的政策建议。

6.1 发展会展业的意义

会展业作为构建现代市场体系和开放型经济体系的重要平台，其发展速度和质量，直接影响着地区和城市功能的开发与相关产业的发展。随着全球会展业的不断发展，会展业对区域经济带动作用愈发明显。

虽然随着互联网和移动互联网的大潮来临，每一个传统行业都将被改写，会展业也不例外，基于“互联网 + 会展”诞生的网络会展正极大助力会展行业经济提速，但会展活动作为旅游市场的重要组成部分和经济活动的特殊表现形式，实地会展与旅游等行业的有机融合，可为关联企业的参展商和观众提供配套服务，以数字技术为基础的虚拟展会不可能提供实体展会与生俱来的人与人之间面对面交流的功能。因此实地会展活动对关联产业具有促进作用。目前，全国正形成以长三角、珠三角、环渤海“三足鼎立”的会展业发展格局。虽然传统吸引会议、展览和场地预定的方式正在逐步被改变，但是实地会展行业还是有其存在的必要性。其经济功能表现在以下几个方面。

6.1.1 经济功能

1. 参展商展品推介功能

绝大部分展会都是以企业为参展商、以专业买家为观众的，这是一个买卖双方面对面直接沟通的过程，是在同一时间、同一地点将某一行业中最重要的生产厂家和购买者集中到一起，这种机会在其他场合是绝难找到的。因此可以说，会展是一种立体的广告，为展商提供了一个充分展小自己产品的机会，使客户充分增进了对参展商产品及服务的了解。参展商借助于会展这个信息交流平台，充分展示、推销自己的产品，巩固老客户，培植新客户，流通环节中的各种复杂的中介过程被一次简单的会展活动全部或大部分替代，商品的流通过程明显加快。可以说，这是一种花费最小、时效最高的产品推介过程。许多工商企业正是借助会展这个渠道，向国内外客户试销新产品，推出新品牌，同时通过与世界各地买家的接触，了解谁是真正的客户，行业的发展趋势如何，最终达到推销产品、占领市场的目的。

2. 参展商营销订货功能

参加展览会是企业最重要的营销方式之一，也是企业开辟新市场的首选方式，在同一时间、同一地点将某一行业的生产厂家和采购商集中到一起，这种机会实在难得。尤其对于参展商来说，他们之所以热衷于参展，一个非常明确的目的就是想通过会展这种形式将自己的商品销售出去。为此，他们会使出浑身解数为自己的商品推销，以吸引消费者的眼球。他们会拿出自己最好的产品与其他厂家一比高低。

在会展活动中，销售人员比平时更有机会面对而地联络老客户、结识新客户发现潜在客户。一项调查表明，79%的展会观众认为受展出产品影响有购买欲望，44%计划购买产品，77%表明他们对于在展会上看到的产品感兴趣。会展的这种功能具有唯一性、时效性和前瞻性，是会展作为市场营销工具区别于其他市场营销方式最重要的和不可替代的特征之一。

3. 品牌推介功能

在知识经济时代，注意力日益成为稀缺资源，成为信息化社会的无形资产和市场经济宝贵的资本。企业之间产品或服务的竞争正在演变为争夺眼球、争夺注意力的竞争。因此，各参展商都十分珍惜参展的机会，为了宣传自己的品牌形象，它们为使展会上的形象花样翻新绞尽脑汁，力求通过训练有素的展台职员，积极的展前、展中促销以及严谨的展台跟进服务，将自己最鲜亮的一面展现在公众面前。为此，参展厂商不惜标新立异，甚至哗众取宠。所有这些，都是因为厂商看中了会展所特有的品牌形象推介功能。例如，在国内一些著名的展会上，国外一些大公司会派送带有企业标志的小纪念品，希望通过这些日常用品，扩大本企业的影响，增加潜在的客户。另据业内人士估计，商家从事推销活动的日常支出是参加展会的8倍，可见参展是一项成本较低的广告宣传活动，有利于塑造企业形象，提升产品、品牌的知名度。

4. 业内信息集聚与传播功能

为什么一些行业展览和行业论坛会成为行业领袖的关注焦点，成为任何已经或想要在这个行业内占有席之地的人士的盛会？吸引行业人士的重要因素应该是“行业信息”。一个知名的会展实际上就是一次行业年会，是经济界定期集聚，检阅行业发展状况，研究行业发展方向的机会、场所和平台。通过会展，从行业协会到产业链的各个环节均被聚集在同一个时空，人们通过参加这样的行业会展，了解行业现实或者潜在的发展趋势，通过商品、信息、资金、技术，供需双方面对面地交流，引导行业发展潮流，扩展行业发展空间，提供市场机会，促进要素流动，从而发挥市场配置资源的基础性作用。因而，展览业被誉为“行业发展的风向标”，对行业及企业的发展具有重要意义。

现代社会是一个“信息社会”，无论从事何种行业，人们都不可能在没有信息的情况下做出正确的决策，人们需要了解同行在干什么，竞争对手在干什么。信息的畅通不仅仅加剧了竞争，同时也加剧了分化，因为大家相互了解并不是为了相互模仿，而是希望发掘尚未被别人占据的特定市场，以求开发新的领域。尤其是业内人士，他们更需要一个谈论行业自身问题的去处，可以在那里争论观点、吸取新知、结交伙伴、寻找新的生意机会，满足他们这一需求的正是行业会展。

6.1.2 社会功能

会展业具有经济衍生性高、产业增长速度快、辐射力强、无污染、开放性等特点，是现代服务业的工要组成部分，加快发展会展业，对于拉动相关产业发展，提升城市品牌，优化产业结构，扩大内需，增加社会就业，提高人民生活水平具有重大的意义。其社会功能表现在以下几个方面。

1. 产业联动功能

会展活动在举办过程中，举办城市要进行一系列跨时空的宣传、组织工作，开展多层次、宽领域的合作，从而形成了以会展活动为核心的“同心圆”式的经济圈。也就是说，会展产业的变化会沿着不同的产业关联方式，引起与其直接相关的产业部门变化，并且这些相关部门的变化又会导致与其直接相关的其他产业部门的变化，影响力依次传递。

国际会展业是高收入、高赢利的产业，除了它自身的巨大收益外，还有极强的经济联动性，也就是说，它是对相关产业带动能力极强的产业，它的大力发展可以推动一系列相关产业的发展。国际上对此有1:9的说法，即一次成功的会议或展览所带动的相关产业，如交通、住宿、餐饮、购物、娱乐、旅游等的营业额约为会展本身收入的9倍（许多发达国家已经达到1:10）。

2. 促进就业功能

前面已经分析过，会展业的发展能带动大量相关产业的发展，而相关产业的发展必然会为城市创造出许多就业机会。据国际展览联合会的测算，会展场馆每增加1 000平方米，就会给社会带来近百个就业机会。会展业是劳动密集型产业，与现代化的工业企业相比，会展业的发展可提供更多的就业机会。

3. 提升城市知名度功能

会展产业是现代服务业的重要组成部分，是提升城市经济活力重要的润滑剂和催化剂，通过展会聚合信息、资本、物资、技术、人员等经济资源，在资本与技术、生产与消费之间建立起联系的桥梁和纽带，有助于促进各类经济要素的流通和匹配，推动市场供需对接；创造城市的经济效益，尤其对餐饮、交通等行业的增长最为明显；提升城市影响力和美誉度，展示城市的经济、文化、社会魅力，是城市迅速走向世界的一条途径；提升城市综合实力，优化城市的投资环境；吸引形成主导产业，集聚人才资本。会展业不仅是一个集旅游、商业、物流、通信、餐饮、住宿等为一体的多方受益的产业，而且会展业还能够发展成为带动举办地形象推广的“动力引擎”。像瑞士日内瓦，德国汉诺威、慕尼黑，美国纽约，法国巴黎以及中国香港等世界著名的“展览城市”，都从展会中获益良多。国际上衡量一个城市能否跻身于国际知名城市的行列，一个重要标志就是这个城市召开国际会议的数量和规模。对于城市而言，会展是最有效的城市广告。很多情况下，为争夺国际知名展会的举办权，很多城市都会进行激烈的竞争。

4. 推动城市建设功能

有专家认为，1 美元的场馆建设投资，将拉动 5 ~ 10 美元的城市基础设施配套建设。2010 年，上海世博会带动了近千亿元资金用于城市基础设施建设。而最典型的案例莫过于博鳌亚洲论坛对当地城市建设及城市品位提升的推动作用，它使博鳌从一个普通的海滨小镇发展成了现代化的“会议小镇”。

会展经济的发展能直接促进城市基础设施建设，带动举办地经济的发展。因为会展业是一项极为复杂的系统工程，受制因素很多。从制订计划、市场调研、展位选择、展品征集、报关运输、客户邀请、展台布置、广告宣传、组织成交到展品回运，形成了一个互相影响、互相制约的有机整体，任何一个环节的失误，都会直接影响展览活动的效果。

5. 普及科学知识功能

会展的科普功能目前已经越来越引起人们的关注，而且也成为一些展会策划者新的选题目标。在实践当中，一些会展开幕时，众多的普通市民男女老少一同参观，虽然他们中的大多数人可能只是出于好奇才来参观，但只要参与，有意无意间总能获得一些商品和技术知识信息。而一些大规模的博览会举办高层论坛，发表学术报告，到会的有政界、企业高层管理人员、高校师生、专家学者和科研人员等，这些论坛通常是以较短时间内普及某个专业技术领域的知识，探讨某热门课题的现状与发展趋势为目的，它们使与会者耳目一新，眼界大开，在较高的层次和较广的范围内获得了科技、经济知识和最新信息。

6.2 全球及中国会展业的发展现状及态势

6.2.1 全球会展业的发展现状及态势

全球展览业经过多年发展，形成了许多著名的品牌展会和展览中心，如世界著名的米兰博览会、莱比锡博览会、巴黎博览会等，以及米兰、莱比锡、巴黎等国际展览中心、并带动了这些国家展览业的发展。美国、德国、意大利、法国、英国等则形成了国际展览会的集中地，而维也纳、哥本哈根、马德里、布达佩斯、悉尼、巴黎、伦敦、墨尔本等已经成为展会比较集中的城市。总体来看，展览会多集中于国际化大都市。从经济总量和经济规模的角度来考察，展览会的经济走向在世界各国发展并不均衡。

1. 欧洲

欧洲是世界展览会的发源地。1851 年在伦敦举行的万国博览会是现代展览会的起始点。经过 100 多年的积累和发展，欧洲已成为世界上整体实力最强、规模最大的展览区域，也是当今展览产业竞争最激烈的地方。从总体上看，欧洲展览代表着当今世界展览产业发展的最高水准。欧洲的展览强国主要聚集在西欧，德国、法国、意大利、英国等都是世界级的展览大国。下面以德国为例，简要分析欧洲会展业的发展概况。

德国地处欧洲中心，交通便捷，实力上位居世界展览国家之首。世界上最重要的 150 个专业展览会中有近 120 个在德国举行。按营业额排序，世界十大知名展览公司中，有 6 个是德国的。在展览设施方面，德国也称得上是头号世界会展强国。德国现拥有 23 个大型展览中心，其中超过 10 万平方米的展览中心就有 8 个，另外还有 5 个展览中心展出面积超过 5 万平方米。目前，德国展览总面积达 240 万平方米，世界最大的 4 个展览中心中，有 3 个在德国。德国的汉诺威、法兰克福、慕尼黑、杜塞尔多夫等都是国际著名的展览城市，它们都把展览作为支柱产业加以扶持。

关于德国会展业的最新发展，从表 6－1 可以看出，2009～2013 年德国每年举办的国际性贸易展览会大约在 150 个左右，每年净展出面积 600 万平方米左右，参展商约 17 万家，专业观众 1 000 万人左右，其中 50% 以上为国外参展商，20% 以上为国外专业观众。

表 6－1　　2009～2013 年德国展会相关信息一览

项目	2009 年	2010 年	2011 年	2012 年	2013 年
参展商总数（万家）	15.46	17.34	15.99	18.08	16.64
外国参展商（万家）	8.19	9.23	8.87	9.89	9.49
外国参展商所占比例（%）	53.1	53.2	55.4	54.7	57
参展观众总数（万人）	891.67	1 007.47	952.62	1 007.1	1 006.52
外国参展观众（万人）	205	255	—	265	270
外国专业观众所占比例（%）	22.9	25.5	—	26.3	26.8
净展览面积（万平方米）	578.17	683.28	620.04	702.24	669.7
展览会数量（个）	135	157	134	160	139

资料来源：德国贸易展协会（AUMA），http：//www.auma.de/en/Seiten/Default.aspx。

据统计资料显示，大多数德国企业认为参加展览会对提高公司知名度、展示创新产品、收集信息等方面的作用优于其他任何方式，参展商在展会上每花费1欧元，平均可带来40欧元左右的合同。另外，德国的展览会无论对参展商还是观众都提供非常优质的专业化服务。虽然德国的展馆规模较大，但无论其设施还是服务，几乎处处都非常方便。更为难得的是，大多数展览会在结束之后，参展商仍能够收到展览会的统计和分析资料，这也是德国展览会之所以具有吸引力的重要原因。正因为如此，德国展会才受到全球的注目。

2. 北美

由于北美特别是美国强大的经济实力以及国内巨大的市场容量，北美展览对于海外参展商同样具有较大的吸引力。北美净展出面积约达到5 000万平方米，参展商120万家，观众近7 500万人，每年举办展会近万个，并形成了北美地区独特的办展模式和风格。其中最主要的展览城市是多伦多、拉斯维加斯、芝加哥、纽约、奥兰多、达拉斯、亚特兰大、新奥尔良、旧金山和波士顿等。

美国在长期的会展业发展过程中，逐步形成了一套独特的办展模式和风格。美国虽然是一个典型的“小政府大社会”国家，但在会展业的管理方面，却充分体现出政府的管理职能，80%的展馆由政府直接管理，20%为专业公司管理，场馆使用率72%，政府财政补贴较大。在市场分工方面，展览场地的所有者与展览会的组织者截然分开，展览中心只出租展览场地和设施，没有进行自主展览项目的开发；而展览会组织者一般没有自己的展览场地，办展时需要从展览中心的所有者那里租用展览场地和相关设施，对于会展市场的运作，政府只是通过某个部门进行协调，而不是具体经营。在会展活动的整个环节中，美国较好地将政府与市场结合在一起，做到了两种力量的优势互补，为美国会展业的迅速发展创造了良好的市场空间。

3. 亚洲

随着世界经济重心东移，虽然亚洲会展经济的发展水平在欧洲和北美之后，但从规模上看，近年来已经开始追赶欧美，整体水平高于拉美和非洲。在20世纪80年代，亚洲部分国家和地区，如新加坡、中国香港、马来西亚、泰国、中国台湾地区等相继建立了新的场馆，举办了各种主题的展览会。中国内地的崛起更是令人刮目相看，广州、深圳、上海进入世界场馆43强排行榜，3个城市的场馆面积合计占亚太地区的60%，预计3~5年之内10万平方米以上的中国会展场馆在世界会展场馆中将改写排行榜，极有可能成为世界场馆面积拥有量最多的国家之一。

新加坡是亚洲会展业比较成熟的国家，被评为世界第五大会展城市，并连续十几年成为亚洲的首选会展举办地。新加坡会展业源于20世纪70年代中期，经过30多年的发展，已经成为世界最著名的会议展览城市之一，其国际会展次数居亚洲第一位，每年举办的各种展览和会议有3 000多个，前往新加坡参加各种国际会议、展览及旅游观光的人数比新加坡的总人口还多。新加坡能在较短的时间里取得令人瞩目的成就，在很大程度上得益于政府对会展业的高度重视。在机构设置管理上，新加坡展览会议局（Singapore Exhibition and Convention Bureau，SECB）和新加坡贸易发展局（Singapore Trade Development Bureau，TDB）专门负责对会展业进行推广；在管理上，政府并不越俎代庖，而是支持和提供相应的服务，为会展业的发展营造宽松的产业环境。此外，在沟通会展业与旅游业的联系方面，也特别值得借鉴。新加坡旅游局下设新加坡展览会议署，主要任务是协助、配合会展企业开展工作，对外介绍新加坡举办国际会展的优越环境、政策和有关事项，宣传、推广在新举办的各种展会。展览会议署不是管理部门，其主要职责是义务协调配合展览公司，不向展览公司收取任何费用。

6.2.2 中国会展业发展现状及态势

国民经济和对外贸易的快速发展，为我国会展业的兴起和健康发展打下了良好基础。会展业已从规模化发展逐步转向专业化、品牌化、国际化。会展业以其强大的关联效应和经济带动作用，已逐渐发展成为促进我国经济和社会发展新的产业亮点。近年来，我国会展业发展迅速。全国每年举办展览会数量超过7 000个，展览场馆200多个，从总量上看，我国已经发展成为一个“展览大国”。目前，我国已经形成了五大会展经济带，行业类型涉及机电、建材、纺织、家具、医疗、食品、环保、休闲产业、印刷、包装、石化等10多个领域。同时，在经济全球化的大背景下，为了进一步加快会展业的发展，我国会展业的国际化程度也越来越高。

20世纪90年代以来，我国展览业发展迅速，1997年国内展览数量首次突破1 000个，2002年超过3 000个，2006年达到4 000个，2010年超过6 000个，目前维持在7 000多个的水平。就展览会数量而言，我国已经成为一个“展览大国”。近年来举办展览会的数量参阅图6－1。

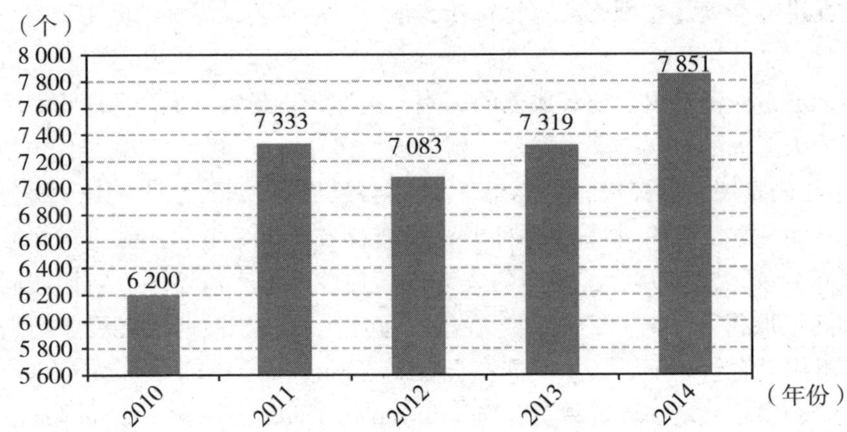

图 6－1　2010～2014 年中国国内展览会数量增长状况统计

资料来源：《中国展览经济发展报告（2015）》。

2015 年，中国展览市场在宏观层面上具有如下五个特征。

1. 国内展览市场总量逆势上升

自经历 2014 年的短暂调整后，中国会展业再次取得较快增长。据不完全统计，2015 年全国共举办 3 168 个展览会，展览会总面积约 8 900 万平方米。其中经贸类展览会有 2 612 个，比 2014 年增加约 7.8%，总面积约为 7 874 万平方米，比 2014 年增加约 10.8%。规模以上展览城市中有 74% 的城市展览面积增加，而经济发达地区的展览重点城市增长更为明显。展览会总体规模继续扩张，但增长率仅为 1.2%，增长步伐明显放缓，“精耕细作”式的发展逐渐成为展览业发展的“新常态”。在专业分布上，建筑材料、眼镜珠宝钟表、船舶码头设施、石材采矿设备等行业展会呈现下降趋势，而家用电器照明、食品饮料烟酒、玩具妇幼用品、电子与自动化、休闲时尚艺术和医药医疗保健等行业展会呈现上升趋势。

2. 出国展览市场规模收缩

2015 年，中国外贸发展遇到较大困难，出口下行压力增大，进口出现大幅减少。出国展览市场受到明显冲击，整体规模下滑，赴新兴市场办展势头放缓，但自办展数量和质量进一步提升。截至 10 月 31 日，全国 94 家组展单位共赴 62 个国家实施办展计划 1 385 项。组展单位数比 2014 年减少 11.3%，国别数减少 4.6%，项目数减少 4.3%，其中参加国际博览会 1 291 项，减少 5.6%，举办单独展览会（自办展）94 项，增长 19%。全年展出总面积 63.9 万平方米，减少 9.6%；参展企业 4.6 万家，减少 2.3%。

3. 政府加强引导展览业转型升级

2015 年是展览业转型发展的关键之年。4 月，国务院发布《关于进一步促进展览业改革发展的若干意见》，随后福建、湖北、黑龙江等省也相继发布相关政策实施文件。10 月，商务部牵头建立促进展览业改革发展部际联席会议制度，说明展览业作为发展现代服务业的重要组成部分，正成为各级政府转方式、调结构的重要抓手。财政部发布《关于行业协会商会脱钩有关经费支持方式改革的通知（试行）》，逐步减少直至取消全国性行业协会商会的财政直接拨款，通过购买服务等方式支持行业协会商会发展，鼓励行业协会商会加快脱钩。在此政策引导下，作为我国重要组展力量的行业机构也开始加快职能转变的步伐。

4. 信息技术成为推动展览会发展的重要手段

2015 年，中国展览业信息化水平得到长足推进。展览会官方网站、官方微博、官方微信数量均显著增长，公众号、APP 等新技术手段得到普遍应用。而展览信息平台化建设成为展览信息化发展的新方向，全国性展览信息平台、地方性展览信息平台和企业自主研发的展览信息交易平台成为推动展览信息平台化发展的“三驾马车”，为未来举办网络虚拟展览会以及推动云计算、大数据、物联网、移动互联等新技术在展览业的应用打下坚实基础。展览业与互联网新技术的相互促进、协同发展正成为中国展会市场发展的新特点。

5. 场馆建设持续升温

据不完全统计，2015 年全国室内可租用面积大于等于 5 000 平方米，且举办 2 个以上经贸类展览会的专业展览馆共有 136 个，比 2014 年增加 8 个；室内可租用总面积约为 647 万平方米，比 2014 年增加约 62 万平方米。2015 年建成并投入使用了一大批建设规模大、设计规格高、建设理念新的展览场馆，积极促进了地方展览经济的发展，如上海 40 万平方米的国家会展中心、云南 30 万平方米的昆明滇池国际会展中心、广东 3 万平方米的珠海国际会展中心和 14 万平方米的中亚会展中心等。但是场馆建设不断升温的同时，展馆设施利用率不足的隐忧也逐渐突显。据统计，2015 年仍有多达约一半的展览馆全年展览会总面积在 20 万平方米以下，44% 的展览馆租馆率低于 10%，反映出我国展览馆建设存在较为严重的过剩现象。

6.3 厦门市会展业发展现状

6.3.1 举办展览会、会议情况

据厦门市会议展览协会 2016 年发布的报告显示：全年全市共举办展览会 193 场，比上年减少 7 场，同比减少 3.5%，但经贸类行业性专业展新增 17 场，增幅达42.5%。展览总面积达 191 万平方米，比上年增加 17.63 平方米，增幅达 10.15%；全年共吸引来自全球 150 个国家和地区的客商 85 258 名，国内客商 314 744 名，观众总人次达 491.8 万人，展览规模和境内外参观人次再创新高。2007～2015 年全市共举办各类展览和展览总面积如图 6－2、图 6－3 所示。

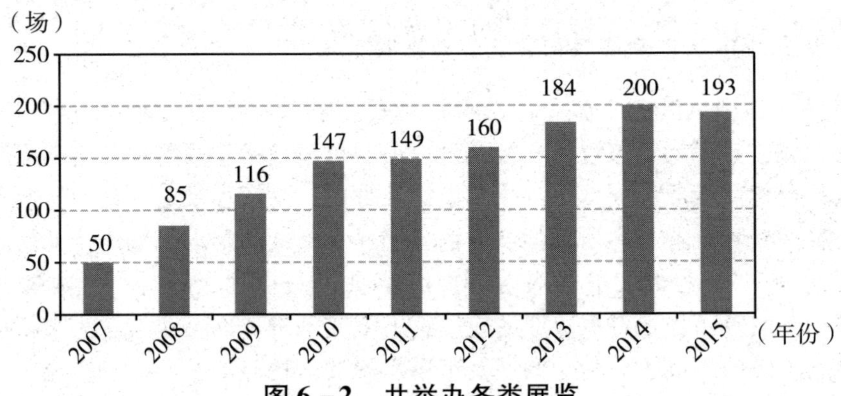

图 6－2 共举办各类展览

资料来源：《2007～2015 年度厦门会展业发展报告》。

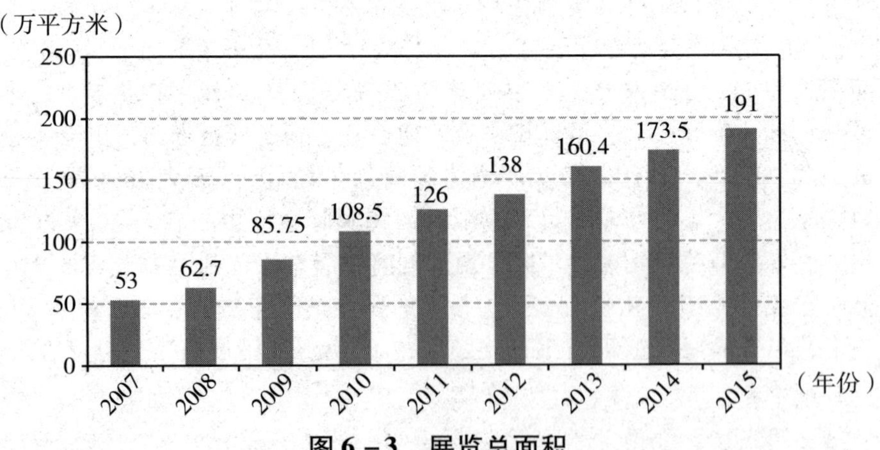

图 6－3 展览总面积

资料来源：《2007～2015 年度厦门会展业发展报告》。

全年全市共接待50人以上的商业性会议6 328场，比上年增加2 151场，同比增长51.5%；规模以上会议188场，比上年增加75场，同比增长66.37%。全年境内外莅厦参会总人数达135万，比上年增长57.64%；在厦平均停留4天左右、同比下降25%；在全年会议活动中，客商在厦停留约540万人一天，比上年增长26.17%。2007～2015年全市各会议场所共举办各类会议和参加会议总人数情况如图6－4、图6－5所示。

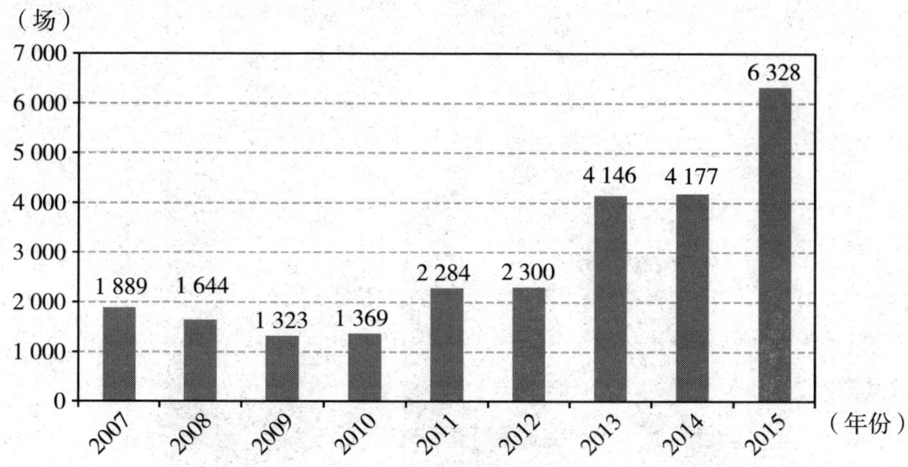

图6－4　全市各会议场所共举办各类会议

资料来源：《2007～2015年度厦门会展业发展报告》。

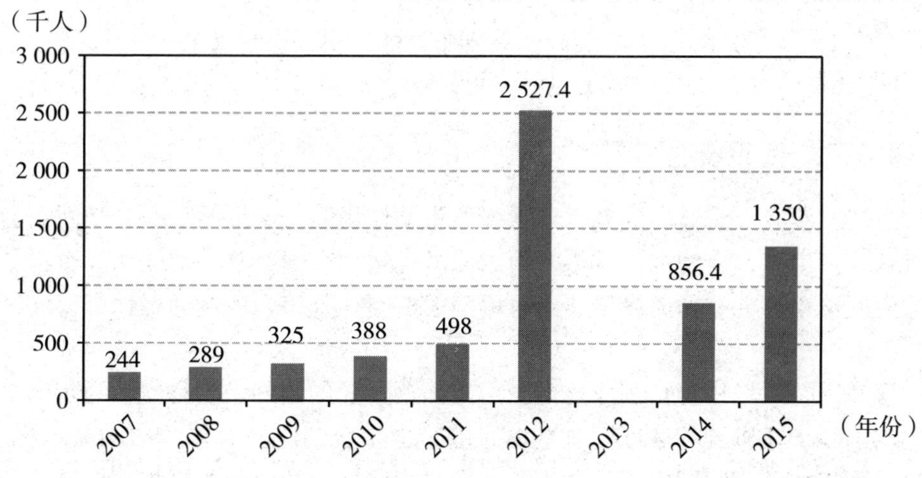

图6－5　参加会议总人数

资料来源：《2007～2015年度厦门会展业发展报告》。

2015 年会展业保持了良好的发展态势，经济效益稳步提升，会展经济对国民经济的贡献不断增强。全年实现总体经济效益 318. 04 亿元人民币（其中展览业实现总体经济效益 152. 72 亿元，会议业实现总体经济效益 165. 32 亿元），比上年增加 41. 76 亿元，增长 15. 1%；其中直接经济效益 133. 62 亿元，比上年增加 17. 09 亿元，增长 14. 7%（其中直接收入 13. 66 亿元，比上年增加 2. 68 亿元，增长 24. 4%，间接收入 119. 96 亿元，比上年增加 14. 41 亿元，增长 13. 7%）；带动经济效益 184. 42 亿元，比上年增加 22. 48 亿元，增长 14. 1%。如图 6 – 6 所示。

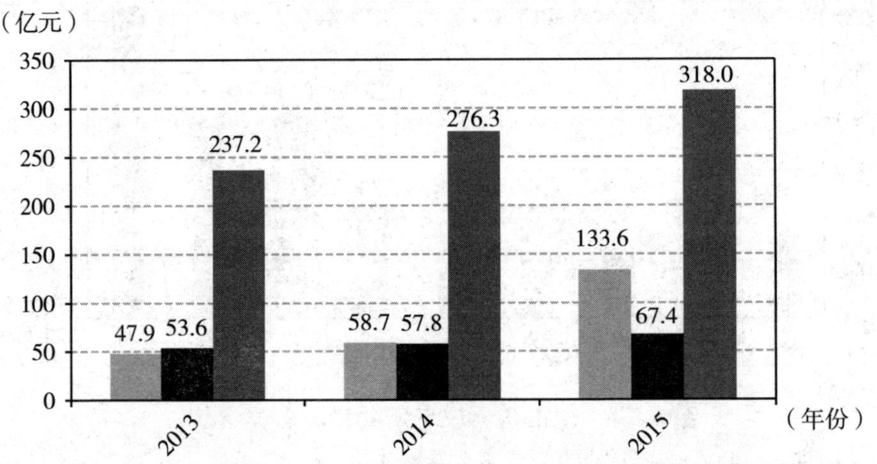

图 6 – 6　展览业、会议业直接和带动经济效益

资料来源：《2007 ~ 2015 年度厦门会展业发展报告》。

6. 3. 2　城市交通条件

会展业对城市交通的发展有着很强的带动作用。在会展活动举办期间，会有大量的人流出行，会增加对城市交通的需求，增加交通运输业的收入。特别是较大型的展览会都会有外商参展，这对厦门的航空业及市内的交通运输都提出了较高的要求。

厦门高崎机场作为长三角与珠三角之间最重要的国际航空枢纽，为东南沿海重要的国际干线机场和区域性航空枢纽港，也是厦门航空有限公司的基地机场。高崎国际机场已开辟国内外航线近百条，其中国际航线有至吉隆坡、槟城、东京—成田、大阪、首尔—仁川、新加坡、雅加达、曼谷—苏凡纳布、阿姆斯特丹、马尼拉的航班，有 30 家国内外航空公司在机场运营。2014 年 12 月 28 日起，新高崎 T4 候机楼启用后，高崎国际机场更名为高崎 T3 候机楼。与原有 T3 候机楼双楼运行，厦门高崎国际机场年旅客吞吐能力由原来的 1 500 万人次上升至 2 700 万人次。

高等级公路和高速公路，连接国内各地。火车、客轮、公交车、出租车也十分方便。在城市道路系统中，打造“公交 + 慢行”为主导的公交都市和绿色交通示范城市，基本形成以轨道交通和快速公交（BRT）为骨干、常规公交为主体、多方式协调利用的公共交通运输网络系统。

6.3.3 会展会议场馆建设状况

为适应品牌展览会的发展和大型展览活动的引进，建设面积大、设施全、功能完善的展览、会议设施是推进会展城市建设的重要措施。2015 年 9 月，厦门国际会展中心四期竣工投入使用，室内展厅面积达 15 万平方米，为石材展等超大型展览的扩容提供了保障。目前全市可供举办展览活动的场所 21 处，室内总面积达 24.5 万平方米，比上年增加约 4.69%。

全市高等级饭店 117 家，新增 17 家。高等级饭店主要集中在思明区，各区高等级饭店分布情况为：思明区 79 家、湖里区 19 家、集美区 11 家、同安区 3 家、海沧区 3 家、翔安区 2 家。全市饭店会议室总数量达 750 间，会议室总面积 152 900 平方米，同比增长 14.88%。上千平方米以上会议室新增 1 间，同比增幅 10%。新饭店的增加和新会议室的扩容，为我市承接各类会议提供给了保障。

6.3.4 配套服务设施

2015 年，为落实厦门市政府关于会展业的发展战略，会展局、会展协会加强了会展营销平台的建设，加大了境内外营销力度，取得了可喜的成果：一是在厦门会展官网的基础上，完成了“厦门市会展业公共信息服务平台”的改造建设，功能进一步完善、内容进一步丰富。自 2015 年 6 月 30 日上线至 12 月底，点击率达 126 万次，最高月点击率达 41 万次；英文网站于年底完成建设并上线，在全国会展城市中开设双语网站之先河。二是举办“两岸四地（厦门）会展合作高峰论坛”,① 该论坛汇集 400 多位业界精英参与洽谈交流，建立了具有厦门独特风格的自有宣传交流平台，赢得了各界及与会各方的高度评价。三是继续加强与境内外多家媒体的合作。2015 年全年刊发专栏、专版 244 篇，发布各类会展信息 400 多条，扩大了厦门会展的国内外知名度和社会影响力。四是五次组团参加境内外会展项目的推广、洽谈活动。全年有 80 多家企业随团赴北京、上海、

① http：//www.sohu.com/a/40369761_115412.

台北、吉隆坡等地开展业务洽谈交流活动。五是扩大《厦门会展动态》的发行面，全年刊发 21 期，发行纸质版 1 262 份，电子版 15 225 份，《厦门会展动态》成为境内外业界了解厦门会展情况的重要载体。

6.3.5 会展政策支持及办展能力不断提高

近年来，厦门市会展环境不断优化，会展业快速发展，知名度不断提升。厦门市委、市政府更是将旅游会展业列为重点打造的“千亿产业链”之一。为贯彻落实国务院《关于进一步促进展览业改革发展的若干意见》，2015 年厦门市区政府修订出台了会展奖励政策，进一步推动厦门会展业做大做强。

2015 年 1 月 28 日，《厦门市人民政府办公厅关于印发厦门市经贸专业展场地租金补助办法的通知》，进一步加大了奖励力度，进一步凸显我市国内城市中的政策优势，激发了社会办展和外地来厦办展的积极性；2015 年 12 月 21 日，《厦门市思明区人民政府关于印发思明区会展业发展扶持奖励若干意见的通知》，是全省范围内区一级政府出台会展扶持政策的第一家，成为市政府扶持资金政策的有力补充，在业内引起了广泛的影响，将对 2016 年的会展市场产生重大的影响。

2015 年厦门市政府及相关部门加强了会展法制环境的建设，促进了会展管理的科学性和规范性，为会展业的发展创造了良好的社会法制环境。6 月 1 日，厦门市公安局制定并印发了《厦门经济特区大型群众性活动安全风险评估及分级管理工作规范》；7 月 20 日，市统计局、市旅游局、市会展局重新调整并印发了《关于加强全市会展统计工作的通知》；10 月 31 日，厦门市政府印发了《展会知识产权保护办法的通知》各类会展规范性文件的出台，为厦门会展业快速、健康持续发展提供了规范依据，做到有章可循、有法可依。

6.4 厦门市会展业发展存在的问题

2015 年，厦门会展业在全球经济下行压力和国内三大会展板块的挤压下，取得了十分可喜的成绩，完成了产业发展规划目标。但从严峻的竞争形势和产业发展布局来看，厦门会展还存在诸多的困难和问题。

6.4.1 经贸类展览业总量不大

经贸类展览会是各地区会展经济的主要组成部分，也是对拉动地方经济贡献最大的展览会类型，也能更为准确地反映各地展览会市场发展概况。按举办数量的城市分布来看，2015 年全国共有 14 个城市举办展览会数量在 50 个以上，比

2014 年增加 2 个城市，合计展览会总数量为 1 671 个，约占全国展览会总数量的 64%。排在前十的城市分别是上海（382 个）、北京（280 个）、广州（197 个）、深圳（100 个）、郑州（98 个）、武汉（92 个）、济南（86 个）、成都（86 个）、天津（68 个）、南京（57 个）。

2015 年，厦门展览总场次 193 场，总面积 191 万平方米。经贸专业展 57 场，面积 143.26 万平方米，分别占总项目数和总面积的 29.53%、75%。经贸专业展虽然场次仅占展览项目总数的 29.53%，但面积占全市展览总面积的 75%，此类展览会参展企业多、国际性强、展品技术含量高、辐射面广、产业拉动性强，是我市大力研发、培育和引进的重点。虽然 2015 年厦门经贸类展览会举办了 57 场与南京数量相同，但是排名没有进入前十。

6.4.2　会议、展览国际化水平普遍不高

展览会的国际性越强，影响力和实效性就越强，各专业办展机构纷纷瞄准展览会的国际化去推进。从参展企业、机构情况看，在 2015 年厦门 57 场经贸专业展中，具有国际性的展会只有 19 场（境外参加国家/地区 5 个以上），两岸性展会有 9 场（台湾展位比例占总展位数 5% 以上），全国性的展会有 10 场（15 个省、自治区、直辖市以上）。国际性水平比较高的展会有：中国国际投资贸易洽谈会、中国厦门国际石材展、中国厦门国际佛事用品展；两岸性水平比较高的有：厦门工博会、海峡两岸文博会、海峡旅游博览会。

2015 年在厦门承办、承揽、接待的 6 328 场会议中，1 000 人以上的会议 61 场，比上年增加 1 场。其中，10 000 以上的会议有 3 场，比上年减少 1 场；5 000～9 999 人规模的会议有 6 场，比上年增加 3 场；3 000～4 999 人规模的会议有 7 场，比上年减少 2 场；2 000～2 999 人规模的会议有 14 场，比上年增加 1 场；1 000～1 999 人规模的会议 31 场，与上年持平；500～999 人规模的会议有 45 场，300 人以下的规模的会议占 98% 以上。全年全市达到政府奖励范围的会议 188 场，增幅达 66.37%。但是千人以上的会议仅比上年增加 1 场，千人以上会议在规模以上会议中所占比例大幅下滑。争取大型和超大型会议在厦举办应该是国内会议发展的重点。国际性会议全年仅有 51 场，不到会议总量的 1%，国际性会议市场的开拓至今仍是厦门的短板。

6.4.3　小展、新办展多，规模以上展览少

2015 年，厦门市共举办经贸类展览会 118 场，总面积 176.26 万平方米。规模在 3 万平方米以上的展览会与上年相比虽然增加了 4 场，但也只有 14 场。其中，10 万平方米以上的有 4 场，8 万～9.99 万平方米有 2 场，5 万～7.99 万平

方米有4场，3万~4.99万平方米有4场；规模在3万平方米以下的有104场，其中，2万~2.99万平方米有5场，1万~1.99万平方米有36场，0.5万~0.99万平方米有26场。

6.4.4 产业基础薄弱，吸纳周边省市产业的能力弱

2015年，厦门共举办经贸类展览会118场，涉及投资、石材、装备制造、工程机械、汽车、动漫、文创、物联电子、电子商务、视听音响、茶业、猪业、果蔬、医疗设备、服装、鞋业、婴童用品、房地产、健康、食品等32个行业。经贸类专业展57场，占经贸类展会项目数的48.3%，涉及投资、石材、装备制造、工程机械、汽车等31个行业，对我市相关产业的发展具有较强的带动作用。其余61场为会议主题展会、企业品牌展和商品展销会，占经贸类项目数的51.70%，涉及厦门周边及国内30个行业，在促进相关产业发展方面发挥着重要的作用，但是吸纳周边省市产业能力还有待进一步提高。

6.4.5 会展中心周边交通拥挤、停车难制约了超大型展会的发展

2015年，厦门会展协会对57场展览会的主承办单位继续进行了厦门会展环境问卷调查。从17项调查内容来看，厦门的会展环境大部分项目得到展客商和观众的认可。其中，厦门会展奖励政策科学性和合理性、厦门入境通关效率和厦门展会评估工作的公正性及服务质量等项目得到大家的高度称赞，满意度均达到90%以上；但厦门国际交通环境、厦门市内公共交通（公交、BRT、的士）便利性等项目的满意度均只达到85%。另外，厦门展馆收费、厦门餐饮、旅游服务质量和价格、厦门展馆周边交通、停车配套设施和厦门展馆内部设施、展具的完善等不满意度均在23%左右。厦门会展（软硬）环境还有进一步加强和完善的空间。

6.4.6 高端会展人才短缺，影响了产业的发展

随着会展行业突飞猛进地发展，会展人才的培养也在紧锣密鼓地开展起来，以缓解因行业发展速度过快而引发的人员紧缺的问题。从起初的“摸着石头过河”到现在毕业生已经走向市场，应该说在会展专业培养目标与课程设置、会展教学与师资的培养、会展人才培训认证、会展教育国际合作交流等方面都取得了比较显著的成果。但是，就目前学生接受市场检验的结果来看似乎还并不理想，造成了社会上一方面大喊会展人才紧缺，另一方面会展专业的毕业生就业难的尴尬局面，企业和市场所需要的会展人才与学校培养出的人才存在较大的脱节。

通常说的会展人才指的是策划和实施层次的人才，其中包括会展核心人才、

会展辅助性人才与会展支持型人才。会展核心人才包括会展策划和会展高级运营管理等人才，他们在行业中层次最高，专业性最强。然而，厦门市会展人才培养存在的问题仍比较突出，具体表现为会展人才认识的模糊，会展人才供需的错位，会展人才结构的失衡以及会展师资力量的欠缺等。

会展人才的发展要注重会展相关行业之间的紧密联系，注意理论与实践结合，避免脱离实际，会展人才的教育方面更要注重国际化。要注重会展人才的高度综合性和极强实践性。欲成为抢手会展策划和经营管理人才，必须具备一些基本素质：如很强的活动能力、组织能力、语言表达能力和沟通能力，思维活跃、知识面广。特别要重视高校与会展企业的联合办学问题，这应该是目前解决会展人才教育与市场需求脱节的核心内容。如鼓励学生进行学校内各项活动的组织和策划；在学校内建立会展实训室，有基本的展台、特装修展台及实际展览操作中用到的基本器械等供学生了解，在实训室内学生可模拟展馆运作，进行展览现场服务演练；与展览公司（策划公司、服务公司）的合作等。这样，才能更的进行会展人才的培养，为企业输送更多的会展人才，为我国会展企业的发展奠定厚实的基础。

厦门市开设会展相关专业的高等院校有：厦门理工学院、厦门城市职业学院、厦门东海职业技术学院、厦门华天涉外职业技术学院。目前为止，厦门理工学院是唯一开设四年制本科专业的学校，其余三所为三年制专科学校。截至2015年底，四校共有在校生约557人，其中本科生220人，高职生337人。开设会展专业主要有：会展经济与管理、会展策划与管理、会展展示艺术设计。2016年9月厦门华厦学院将开设四年制本科会展经济与管理专业，计划招生100人。

6.5 厦门市会展业发展趋势分析及对策研究

6.5.1 趋势分析

1. 政府主导，市场运作

坚持市场化运营，创新管理体制机制，优化政府职能定位，提升政务服务水平，规范会展行业标准，培育多元化市场主体，激发市场活力。

加强政府调控，提高管理水平。政府的重视和支持对会展业的发展十分关键，而政府以何种方式支持对会展业自身发展同样十分关键。美国政府通过“贸易展认证”计划和“国际购买商项目”，促使展览业真正为美国出口服务，美国政府对展览业所采取的间接支持方式及其具体做法值得我们借鉴。当前，政府部门只有根据会展业不同发展阶段的要求及时转变功能定位，制定、实施、调整相应的扶持措施，协调相关职能部门的关系，建立会展行业协会及行业协会的自律机制，才能推动厦门会展业步入持续快速协调健康发展的轨道。那么，政府在会议产业发展中应该扮演怎样的角色呢？要做目的地规划与资源整合，对重要会议要进行协助、申办、引进、落地和执行等，要进行会议目的地推广；要进行基础服务，包括培训、统计、买家考察等。厦门要发展会议产业，建议要完善会奖设施，尤其高端的设施；提升服务的专业化水平，品位要高，专业要强，配套服务要齐全；强化政府服务职能。在市场运行方面，宣传推广商，要进行差异化定位，统一形象，政府、企业等要协调行动；创新产品与服务，线上线下平台融合发展；建立重点客户俱乐部。我们应从厦门会展业发展的实际情况出发，借鉴国外的成功做法，以理顺管理体制为核心，加强会展及相关服务行业的管理，促进会展业及相关服务，保障工作向规范化方向发展，全面提高会展及服务业的水平。建立会展业诚信体系。建立覆盖会展场馆、办展办会机构、宾馆酒店、参展企业及其他配套服务环节的会展行业诚信体系，对会展企业服务质量信誉等级进行评定，鼓励诚信经营。建立会展行业分类信用档案和违法违规单位信息披露制度，推动会展、旅游、工商、税务等部门之间监管信息的共享和公开，褒扬诚信，惩戒失信，实现信用分类监管。坚决惩处通过弄虚作假方式骗取会展奖励资金行为。开展品牌展会影响力评估标准、会展从业人员素质与能力标准的调查与研究工作等，规范会展市场人员与市场行为，引领全省乃至全国会展业发展。

完善会展业统计监测体系。进一步完善会展业统计监测工作体系，实现对会展业各类数据进行全面采集和实时监测。根据需要编制统计分析报告，强化数据挖掘，深化价值分析，为政府决策提供及时、准确、真实的依据。

2. 会展业向博览会方向发展

博览会指规模庞大、内容广泛、展出者和参观者众多的展览会。一般认为博览会是高档次的，对社会、文化以及经济的发展能产生影响并能起促进作用的展览会。2000 年，我国提出“会展经济”的概念，主要包括“会议”和“展览”两项内容，也就是所谓“狭义的会展业”。2003 年，MICE 的概念被引入中国，即会展业由包括 Meetings（会议）、Incentives（奖励旅游）、Conventions（行业大型会议）、Exhibitions（展览）或 Event（节事活动）组成。这就是“广义的会展业”或称为“大会展”。目前，“大会展”的概念逐步得到中国会展业界的广泛认同。

2014 年，我国经济社会持续稳步发展，但是，经济下行压力较大，中国经济发展步入新常态。同时，“国八条”“政府严控三公经费”等政策持续影响我国会展经济的发展。诸多因素成为“双刃剑”，为我国会展业发展带来双重影响。一方面，我国会展业在经历了长时间的快速增长后，增速放缓。另一方面，会展业或进入精细化发展阶段，从注重规模、数量扩张向注重质量、效益转变。

办具有国际范的高端展会是厦门会展业未来的发展趋势。旅游会展业是厦门市重点打造的千亿产业链之一，近年来，厦门市委、市政府高度重视会展业发展，明确提出要将厦门打造成为“中国会展典范城市”和“国际会展名城”。2015 年，厦门市旅游会展产业的产值首次突破千亿元大关，会展业总体经济效益达到 318 亿元，跻身我国十大会展城市之列。随着国内经济进入新常态，要在日趋白热化的、激烈的国内国际竞争中占据一席之地，必须走出一条有厦门特色的会展业发展之路，必须尽快突破发展瓶颈，实现提档升级，实现会展业高端化国际化。

3. 旅游业与会展业关系更加密切

会展与旅游均是联动性非常强的活动，它们将所涉及的行业资源，按照市场规律和顾客需求进行组合，以发挥资源的整体效能，形成一种放大效应，即“1 +1 >2”，产生更大的经济效益。在会展与旅游的互动发展中，旅游是会展旅游发展的基础，旅游业的繁荣必将为会展活动提供更为完善的服务，加速会展业的发展。会展业的进步可以优化社会资源的组合，带动其他行业更好发展，也为旅游业带来更多的客人、更多的消费，延长客人的逗留期，增加旅游业淡季时设施设备的利用率。会展与旅游的互动性可以更为充分利用厦门的旅游资源，全面展示厦门的经济、文化和社会风貌，扩大对外的影响力和知名度，促进厦门经济的繁荣与发展。

突出旅游会展融合发展。开展旅游会展规划融合、管理融合、主体融合、宣传融合、营销融合、服务体系融合、发展平台融合、产品融合、活动融合、人才融合等十大融合行动，推动旅游业与会展业全面深度融合发展，形成以会展带动旅游、以旅游促进会展的良性互动发展模式，着力打造国际知名旅游会展名城。

4. 转变到创新驱动和跨界融合的“互联网 +”方式

从中国会展业、特别是展览业发展的演变过程看，总体上说该行业属于粗放型，并不为过，产业链上的一些环节仍是资源驱动——人力资源、原料资源、能源资源等，企业的创造能力和产品的附加值低，品牌竞争力不足，增长方式单一，缺乏可持续发展能力。当资源成本上涨，利润空间立刻被压缩，甚至陷入困境，由此而派生的种种竞争、甚至是恶意竞争不一而足。转变到创新驱动和跨界融合的“互联网 +”方式，将会产生更广阔的市场空间和创造空间。随着科技的发展，展台已由初期的配以“声、光、电”效果，扩展到现在实现了综合灯光、视频、音频、多媒体、互动体验等多种技术和效果，但是，仍然没有摆脱物理空间的角色。设想，通过“互联网+”，未来的展台不排除将在展览展示的形态上发生“颠覆”性转变——一个巨大的集成移动展示终端。这将是以互联网技术贯穿、连通所有展示功能：手机APP定位展台、引导展示流程、介绍和演示产品、操控设备甚至现场环境；互动多媒体组织现场各种体验式活动；通过大屏幕终端直接与场内外交流、订购、采访、发表个人观点和感受；新媒体技术支持下的各阶段营销和传播等，这些单一的互联网技术都已存在或正在出现，我们需要的是以“互联网+”的跨界融合与创新驱动理念，重新定义传统的展览概念，甚至重新定义展览设计和展览工程，完成对传统展览形式和形态的“颠覆”。而最终目的还是更好地实施会展整合营销。“互联网+会展”在行业及行业内企业的落地，是首先要保持传统会展在行业中的核心竞争力，继而全面增加互联网的接触点，把“互联网+”全面落实到商业模式、营销、产品、服务中去，与具体的、日常的运营对接。会展业说到底还是服务行业，在服务经济时代，产品是无形的，被视为“基础设施”，而服务是贯穿整个产品链的价值体现，因此更加讲求服务体验，客户满意度是衡量这个产业价值的重要标准。站在客户的角度思考，发现、把握并创造客户需求，才能不断地参与市场创新，带给客户真正的价值服务体验。

厦门发展会展产业建议接下来应注重新技术的应用，展览技术将从实体展览演变为跨媒体展览，以数字技术为基础的虚拟展会不可能提供实体展会与生俱来的人与人之间面对面交流的功能，但数字技术可以作为实物展示和现场活动的重要补充。

6.5.2 对策研究

1. 统一认识，明确定位

会展业是资源配置服务业，通过市场机制实现配置经济。作为现代服务业，尤其是生产性服务业，会展业的服务能力主要取决于基础设施、会展项目和组展企业三项核心指标。经济全球化条件下，国际会展市场的产业竞争，日益体现为会展城市的跨国竞争。时至今日，在特大会展场馆、品牌会展项目、知名组展企业三项要素中，一个城市至少拥有一项，或者两项，甚或三项兼而有之，这才称得上国际会展城市。调查显示，世界最具竞争力的场馆分布在全球46个城市，世界商展百强落地在全球25个城市，世界顶级组展商27强来自全球22个城市。将三维数据做综合评价，51个国际会展城市又可区分为三个层级：国际会展一线城市 12 个、二线城市 18 个和三线城市 21 个（见图 6－7）。

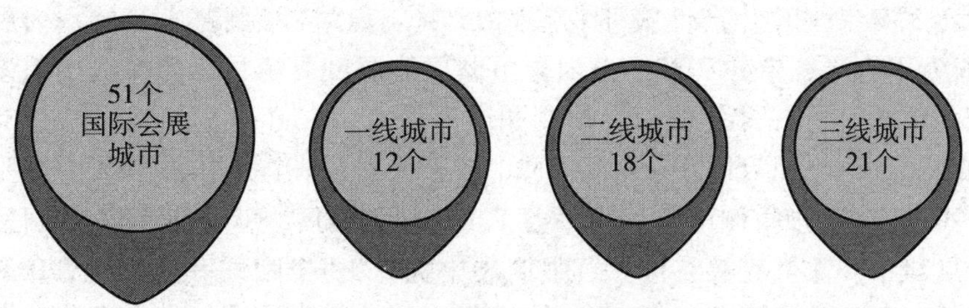

图 6－7　51 个国际会展城市区分为三个层级

资料来源：上海会展研究院。

国际会展一线城市同时拥有最具竞争力的场馆、世界商展百强和国际顶级组展商，全球共计 12 个城市。按实力排名，依次为法兰克福、汉诺威、巴黎、杜塞尔多夫、科隆、米兰、慕尼黑、巴塞罗那、柏林、博洛尼亚、巴塞尔、纽伦堡。它们产业链完整，业态成熟，综合能力均衡，历史贡献卓著，代表着全球会展城市中实力最强的第一阵营。

国际会展二线城市在最具竞争力的场馆、世界商展百强和国际顶级组展商中兼有两项，全球共计 18 个城市。按实力排名，依次为莫斯科、广州、拉斯维加斯、芝加哥、上海、北京、维罗纳、里米尼、莱比锡、埃森、深圳、伦敦、里昂、伯明翰、马德里、乌德勒支、斯图加特、香港。这些城市会展业综合实力强，业界影响大，然而系统化要素建设有所不足。在这一层级，中国有 5 个城市入围，广州、上海、北京、深圳和香港，明显超过德国的 3 个，美国、意大利、英国的 2 个和法国、俄罗斯、西班牙、荷兰的 1 个。成长性是中国会展业的独有优势，主要体现在场馆扩张速度和商展规模提升上，然而至今缺乏强有力的品牌组展商，成为我国会展业发展的软肋。

国际会展三线城市在产业要素三维指标中占据一项，全球共计 21 个城市。按实力排名，依次为东京、纽约、阿姆斯特丹、瓦伦西亚、奥兰多、曼谷、亚特兰大、巴里、布尔诺、休斯敦、罗马、布鲁塞尔、波兹兰、南京、毕尔巴鄂、沈阳、日内瓦、新奥尔良、帕尔玛、新加坡、范堡罗。这些城市在会展产业要素的某一方面居于世界前列，单项优势明显，然而就整体而言，仍有发展空间。案例分析：法兰克福在国际会展一线城市中，法兰克福具有突出地位。法兰克福坐落于德国中部，工业革命后成为欧洲的交通枢纽。作为国际金融中心，是欧洲央行和德国央行所在地，欧元总部；作为国际会展中心，在国际会展一线城市中居于首位，会展业已有 800 年历史。法兰克福 2011 年 GDP 达 531 亿欧元，人均 8.5

万欧元，居全德城市之首；人均工资 1.1 万欧元，居全德城市第二；GDP 中服务业占比 83%，其中生产性服务业占比 17%。法兰克福展览中心的室内展览面积 35.6 万平方米，室外 9 万平方米，单体展能居世界第二。为保证场馆设施健康运营，市政府持有 60% 股份，黑森州政府持有 40%，共同组成了法兰克福展览有限公司。该公司目前在全球拥有 28 家子公司、5 个办事处、52 个国际销售伙伴，2011 年在全球 30 多个城市举办了 101 场消费展，营业收入逾 4.5 亿欧元。作为会展城市，法兰克福在世界百强商展中拥有 10 个席位，总业绩 220 万平方米，展均 22 万。① 以上基础设施、会展项目和组展企业三项核心指标，有力地保证了法兰克福作为国际会展一线城市的综合竞争力。

自贸区建设加速，为会展业提供全球化的新平台。2015 年，中国自由贸易区建设步入快车道。借由自贸区建设，福建经济发展将会出现新的变化，并对全国产生影响。一般来讲，世界上多数自由贸易区通常都具备进出口贸易、转口贸易、仓储、加工、商品展示、金融等多种功能，这些功能与会展业具有极高的贴合度，尤其是对装备制造业、加工产业等类型的展会，会极大降低厂商的参展成本，并缩短客户订单的生产周期，而且还能以更快的速度、更低的物流成本发货。这些变化又将反过来促进当地会展业的进一步发展，最终形成互相驱动的发展局面。在这样的情况下，拥有自贸区的地区将更加容易成为全球会展业关注的目的地，厦门会展业面临着新的发展格局。目前，高端化应该成为厦门会展业发展提升的重要战略与方向。建议首先要明确高端化和国际化二者是紧密相关的，向高端化进军就要有一个国际化的视野，要积极引进来和走出去。高端的会展业应代表行业的发展方向，具有市场化、专业化、国际化、品牌化和信息化，不仅是会展项目的专业化，而且会展产业链条也要实现专业化；要遵循国际通行的展览业市场规则，不断提升国际话语权影响力；要培育一批具备国际竞争力的知名品牌展会，强化知识产权保护；加快会展业信息化进程，运用现代信息技术，发展新兴的业态。高端的会展业还应具有城市特色优势，要体现先进文化理念。

厦门市应依托福建省和厦门产业基础及口岸优势，抓住厦门加快建设“21 世纪海上丝绸之路”重要战略支点城市和自贸试验区的机遇，努力推动会展业成为现代服务业的优势产业和旅游、商贸、物流、消费及产业升级的重要带动力量，将厦门打造成为“中国会展典范城市”和“国际会展名城”。打造品牌项目。以投洽会、石材展、佛事展、文博会等品牌展会为引领和标杆，辅导并支持我市中小型专业展览会提升专业化运营水平，加快发展壮大，形成一批国内领

① 中投顾问产业与政策研究中心：《2016—2020 年中国会展业投资分析及前景预测报告》，http：//www.docin.com/p-1534250461.html。

先、国际知名的展览会项目。支持招揽境内外大型和超大型知名品牌展览和会议活动在我市巡回或落地举办。

2. 建立统一的会展管理机构

设立会展申办委员会，推动厦门国际大型会展的申办。由厦门市政府或由厦门市会展局牵头，委员会的成员应包括会展局、旅游局、财政局等部门。成立委员会的职能在于提高政府的会展业管理职能，主要任务包括：倡导及协助市政府及民间团体或法人争取大型会展，特别是国际会议在厦门举办研究和拟定、监督厦门会展业发展政策；负责厦门会展业资源的整合与管理协调；提出促进厦门会展业产业环境的方案；提出提升厦门市会展业国际竞争力的方案；设立申报大型国际会展行动小组并负责资金申请；审查会展专项发展资金。

建立会展业发展专项资金。为发挥政府的引导和调控作用，政府每年应拿出一定的资金列入财政预算，用于会展业国际市场的宣传促销、重大会展项目的申办、品牌展会培育、政策法规宣传、信息、平台维护、专业人才培养。

尽快出台《厦门市会展业政务服务办法》，提高政务服务水平，优化我市会展业发展环境；做好会展业发展鼓励政策的总结评估，并做好政策的完善和延续，发挥政策的杠杆撬动作用。

2015 年 7 月 29 日福建省政府办公厅出台的《促进展览业改革发展实施方案》（以下简称《方案》）提出要加快推进展览业转型升级，力争到 2020 年，福建省展览业规模达到全国中等偏上水平。将集中力量将福州、厦门、泉州打造成全省展览业中心城市。

“除国家规定保留在省级审批的国际性、两岸性和政府主办的展会外，逐步取消审批，适时将审批制调整为备案制。”《方案》表示，要理顺管理体制，简化管理程序，推行网上备案，同时清理废止阻碍行业发展和妨碍公平竞争的政策规定。《方案》明确提出，厦门市要以建设会展中心——会议中心综合会展集聚区、五缘湾——观音山休闲体验会展集聚区和海西国际商贸展览中心为重点，争创国际会展名城和中国会展典范城市。

3. 实施市场运作机制

逐步淡化展会活动的行政色彩，推动政府购买服务。发挥中介组织作用，承担展览统计、评估、行业自律、资质认定和理论研究等工作。厦门应顺应会展业发展建立城市会展协会。

制订和实施会展推广计划。主要的目的在于为建立厦门市会展品牌形象、加强会展国内外宣传推广及提升对外整体形象，以有效增加来厦举办与参加活动之机会。主要工作包括建构会展信息流通平台与数据库，并整合会展资源，透过网站链接交换、举办不定期的网络活动、关键词广告以及数据库营销等方式，提供完整信息及提高厦门会展曝光量等。

设计厦门城市及会展标志，并据此制订和实施城市整体营销计划。通过设计城市及会展标志，进行城市整体营销是目前城市整体营销的重要手段，具体做法可参考如下组织设计厦门城市及厦门会展标志；采用厦门城市及厦门会展标志进行城市宣传，塑造厦门会展品牌形象；积极进行厦门会展活动的国际广告与宣传；根据厦门大型会议展览事件情况，于活动前、活动中、活动后期积极进行国际广告宣传，包括撰写活动新闻稿报道及制作成功案例影片、出国参展时加强宣传等积极与国际性会展协会建立紧密关系，并借此宣传厦门城市会展及旅游城市形象；邀请国际会展专业媒体来厦进行“国际媒体参访之旅”，持续和全球媒体沟通并建立良好关系，透过受邀的国际媒体达成营销厦门会展旅游环境。

4. 推动产业融合

第一，助力先进制造业和现代服务业发展

根据福建省产业特色，积极推动会展产业链条和先进制造业集群、现代服务业集聚区融合延伸，特别是在航空工业、平板显示、现代照明，信息消费、金融服务、高端医疗、航运物流等产业领域，策划举办或扶持培育相关专业展览和高端会议，培育展会品牌，打通连接产业与市场、生产和消费的纽带。

第二，助力传统产业和都市农业整合提升

充分发挥厦门作为海西中心城市的集聚带动作用，依托品牌会展项目，整合产业研发、设计、制造、市场等产业各环节，以会展产业综合体为平台，为行业上游制造商与下游采购商及消费者搭建交流交易平台，促进传统产业转型升级和都市农业发展壮大。发挥厦门市总部经济集聚效应，大力引进并举办服装、鞋帽大型企业的订货会、年会、展销会等，做大以服务厦门市周边城市群传统产业发展为主的会议市场，增加商业性会议的数量和规模。

第三，助力战略性新兴产业集聚培育

瞄准国家产业发展战略规划和福建、厦门未来产业发展方向（如软件信息服务、文化创意、时尚设计、新材料、新能源、节能环保、海洋经济、生物医药等），策划举办相关专业展览和会议，促进新理念、新知识、新科技的传播和新技术、新产品的展示贸易。

5. 提升厦门会展业的综合竞争力，融入国际会展组织

制定和实施“提升厦门市会展的综合竞争力”方案。虽然厦门会展业在我国仍具一定竞争力及地位，但随着我国会展竞争的日趋激烈，一些展会由于同质化严重，不能有效实现规模效应，甚至面临萎缩状况。为这些展会注入新动力，并加快推出会展新项目势在必行，因此，厦门应制订“提升厦门展览竞争力方案”。方案内容应包括：配合产业需要开发及强化新的会展项目；重要展会宣传推广计划；促进专业观众来厦观展采购计划；建立厦门重要会展的虚拟会展网。培育会展龙头企业。只有具备规模优势的企业才能采用国际会展新技术、建立网络建立全球网络、开展全球会展活动，带动厦门会展业整体发展。因此，培育厦门会展的龙头企业，是近期会展业发展的一个重要课题。厦门市政府应出台相应政策，健全和完善优惠政策，促进会展主体成长，放水养鱼鼓励以龙头公司为基础，通过资本运作的方式和股份制的模式重组兼并其他会展公司，实现企业资源的优化组，从而建立几家大型的会展集团。突出国际特色。配合实施国家“一带一路”倡议和区域经贸合作机制，用好中国国际投资贸易洽谈会、厦门国际海洋周、中国（厦门）国际休闲旅游博览会等重要国际性展会平台，加强与相关国家（地区）的交流合作，争取引进相关主题会展项目和“走出去”举办专业展会活动，把厦门打造成为“一带一路”交汇和融合平台。发挥自贸试验区优势，推动建立大型保税性质展览展示交易活动和平台。支持厦门市机构和企业加入国际会展权威组织，建立合作交流机制，对接国际优质会展资源。推动厦门会展业的国际化、高端化发展，积极争取德国、中国香港和中国台湾地区的著名会展机构在厦设立机构举办会展项目，快速形成具有较强带动作用的会展主体。

利用区位优势，进一步发展对台会展。当前，两岸会展交流正面临着历史性的机遇，厦门应积极采取措施发展对台会展，包括：加大力度邀请台商前来参展；鼓励海西地区会展企业在台湾办展；鼓励海西地区组团赴台湾参展；旅游、展会、节庆互动打造海西地区会展活动平台，使每年的“中国投资贸易洽谈会”“厦门对台商品交易会”“厦门国际马拉松赛”等重要展会和赛事成为吸引台湾游客和参加展会人员消费的“黄金平台”。

6. 支持发展网络会展

网络具有的高效性、普及性，虚拟性和强大的信息集散功能使“互联网 + 会展”的网络会展具有虚拟性、开放性、通用性和可扩展性的特征。与传统的实物会展相比，网络会展在时空、资源、成本、效益等方面有着明显的优势。近年来，原本“扎根”网上的电子商务服务企业纷纷开始涉水线下会展，借助“线上为主 + 线下为辅”的模式帮助传统企业拓展新的发展空间。其中以线上“虚拟展会”加线下“面对面交易会”的虚实互补组合方式，俨然成了电子商务巨头们觊觎的一大热点。

网络会展相对传统会展，对于主办者而言，与传统会展相比，“互联网 + 会展”的网络会展具有成本低、效率高，贸易机会多，观众面广泛，展出时间长，展出空间无限，经营规模不受场地限制，反馈及时等优点。在官方网站上开设网络会展，并结合实地会展进行同步展示，可进一步强化会展本身的形象、产品和服务宣传等。对于事先无法预料展会效果或缺乏实施条件的展会，亦可考虑先办网络会展进行试水，看效果决定是否举办实地会展。

对于参展企业而言，可事先了解目标受众群和目标市场，提高“目标受众”的比例。扩大企业影响力，进而提升和延长会展效果。同时有利于会展后的服务体系构建，便于跟踪客户联系。并有效整合资源，了解行业现状，公平对等，解决中小企业因费用、时间、人力、物力、空间等原因，难以参加大型展会的难题。

目前，厦门市网络会展的功能还不完善。“互联网 + 会展”的网络会展作为企业营销平台的巨大作用和潜力是不容忽视的，但目前大多数的会展企业仅简单地将其理解为网站建设，由于成本、精力等因素的影响，这些会展网站往往结构简单，内容贫乏，因此依靠这些网站进行的网络会展充其量只能称之为传统会展的网上展出，不能发挥网络会展强大的信息集散、营销、数据挖掘、展品交易、会展管理和服务等功能。建议政府对网络会展给予大力支持。在税收、资金等方面予以相应的优惠政策，以促进网络会展的快速发展。

7. 建立一支专业人才队伍

建立人才培育及使用体系。支持会展人才教育培训工作，设立人才教育培训专项资金，制订人才培训计划，常态化、系统性开展从业人员教育培训工作。建立会展行业在职培训、出国短期培训等多层次的人才培育体系和会展人才信息库。加强校企联动、工学结合，鼓励知名企业、行业协会与学校联合进行人才培养和培训，提高师生实践能力和企业员工理论水平。推动产、政、学结合，支持和鼓励我市各高校加强会展相关专业人才培养工作，加强会展管理专业（学科）带头人和学科梯队建设。争取引进国内外知名会展院校与我市高等院校或专业机构合作办学，或成立专门会展发展研究机构，为会展产业的长远发展提供智力支持，逐步把我市打造成为高端、专业会展人才集聚区。

我国会展行业的从业人员有100多万人，但基本上属于未受过专业训练、半路出家的从业人员。为了使团队更专业、高效，应与一些会展业较发达的国家接洽，比如法国、德国、新加坡，将我们的会展从业人员送往这些国家进行培训。让厦门会展行业的人士系统学习会展理论和实务操作，是保证厦门会展业发展壮大和提升的必要条件。

大力鼓励会展从业人员积极考取专业资质、资格证书，获得认证。目前，全国会展行业相关证书至少已有 10 多种，比较权威的有会展策划师、会展设计师以及注册会展经理等，这些证书都由国家人力资源和社会保障部或人事局等政府管理部门颁发。资格证书是对劳动者从事该职业所达到的实际工作能力水平最直接、准确的反映，对提高从业人员素质、促进行业健康发展等都具有重要意义。

会展教育是会展业的基础，学校培养是会展教育的基石。会展业应与有开设会展专业并且具备一定资质的高校进行合作，提供实习基地和培训机会。要注重人才培育，要有针对性地加大高级会展策划创意人才、营销人才和管理人才的引进。

第7章 促进PPP模式发展的财政政策研究

PPP模式作为一种新兴业态，对于化解地方政府性债务规模，保证基础设施和公共服务供给具有重要作用。我国PPP模式在发展过程中还存在着诸多问题，财政政策是政府支持PPP模式发展的重要手段之一，目前我国的财政政策存在资金使用不规范、政府承担过多支出责任等问题，应从完善财政补贴机制、完善PPP基金运行机制、统筹各类资金使用等方面进行政策优化。

7.1 引言

近年来，随着城镇化进程的加快及“一带一路”倡议的提出，我国对基础设的需求施建设不断扩大。与之相对，财政收入增速放缓，2015年增速仅为5.8%，比上年减少2.8个百分点，传统的基础设施提供模式逐渐成为政府的负担，无法适应日益增长的公共需求。在经济下行和基建投资需求增长的双重压力下，我国地方政府债务规模快速扩张。截至2014年末，地方政府性债务余额达到15.4万亿元，是地方一般公共预算收入的1.2倍。党的十八届三中全会提出，“要处理好政府与市场的关系，加快转变政府职能，让市场在资源配置中起决定性作用；深化投融资体制改革，允许社会资本通过特许经营等方式参与城市基础设施投资和运营，建立现代财政制度”。在此背景下，作为政府与社会资本在基础设施和公共服务领域合作的新兴模式，PPP 模式得到大力推广。

在政府的推动下，PPP 模式近几年得到快速发展，根据财政部政府和社会资本合作中心的数据，截至 2017 年 3 月 31 日，纳入全国 PPP 综合信息平台项目库的 PPP 项目共有 12 287 个，项目金额共计 145 683 亿元。但是，随着 PPP 的快速发展，相关政策未及时建立，PPP 项目存在落地率不高、私人资本参与度低等问题。

PPP 项目具有典型的投入成本高、投资回报周期长、高风险等特点，且 PPP 项目大多属于公共产品，需要国家政策支持。财政政策作为国家重要的政策手段之一，在解决外部性问题、补偿产品成本、降低项目风险等方面具有显著作用。本书从 PPP 模式的特点出发，着重研究促进 PPP 模式发展的财政政策，并在现有政策体系的基础上，提出财政政策的优化建议。

7.2 文献综述

7.2.1 国内研究成果综述

1. 财政补贴机制研究

财政补贴是一项重要的财政激励手段，实践证明，财政补贴对于促进 PPP 的发展具有显著作用，国内学者针对 PPP 项目的财政补贴机制展开了卓有成效的研究，曹启龙、盛昭瀚和周晶（2016）指出了政府现有补贴方式存在的问题，从激励经济学的角度分析政府对 PPP 项目从“补建设”转变为“补运营”的机制原理，构建了“补建设”情形下的模型并进行分析，寻找现有财政补贴模式下 PPP 项目失败的原因，针对“补运营”情形中不同补贴模式分别建立模型并求解，得出了不同模式下的激励系数及其对私人部门吸引力的大小，通过对比和分析发现基于利润的财政补贴方式激励效果最佳。

徐丹、简迎辉和郑胜强（2013）以轨道交通行业为例，在明确轨道交通财政补贴方式的基础上，分析城市轨道交通项目建设阶段和运营阶段涉及的政策性亏损和政策性优惠，确定轨道交通的补贴基数，并引入相关系数，把财政补贴额度与社会满意度、财政补贴基数挂钩，基于政府、公众和企业三方满意度构建财政补贴激励模型。邓小鹏、熊伟、袁竞峰等（2009）考虑了 PPP 项目运营期内导致价格和补贴变动的各种影响因素，为了平衡各参与方利益，运用系统动力学理论，以实现政府、社会公众和私人部门三方满意度均衡为目标，利用 PPP 项目的关键影响因素建立指标体系，以指标对政府、公众和私人部门三方影响的权重为系数，设计了 PPP 项目的动态调价与补贴模型，并通过案例证明了该模型的实用性与良好的调节作用。吴孝灵、周晶和彭以忱（2013）认为政府补贴应当同时满足项目社会效益最大化目标和私人部门的回报需求，运用 Stackelberg 博弈中的激励思想和诱导机制，构建公私部门之间的博弈模型，求解得出政府最优补偿机制和有效性条件，随后通过数值代入，得出结论，即政府补偿与项目运营风险之间不存在正相关关系。

2. 财政承受能力研究

吴艳芳（2017）指出，目前我国 PPP 项目财政承受能力论证体系存在论证过程缺乏独立性、管理混乱、支出责任划分不清等问题，财政承受能力论证缺乏可信度，政府违约风险增加，导致私人资本不敢参与 PPP 项目。黄徐会（2015）以 PPP 模式发展相对成熟的英国为例，以 1997 ~ 2012 年的数据为研究对象，通过因子分析法确定了财政承受能力及其影响因素，构建了财政承受能力对代表宏观环境的宏观因子和代表项目资产价值的资产因子的线性回归模型，得出结论，项目资本价值与政府债务规模呈现反向变动关系，相关性较弱，GDP、财政支出等宏观变量与 PPP 债务规模呈高度正相关关系，为我国实施 PPP 项目前进行财政承受能力论证提供实证基础。

7.2.2 国外研究成果综述

财政补贴作为重要的财政激励工具，一直受到国外学者的关注。这一领域发展较早的是关于非货币性补贴的期权性质和定价机制研究，梅森和鲍德温（Mason and Baldwin，1988）研究了 PPP 项目中财政补贴的期权性质，并采用二叉树期权定价模型评价 PPP 项目中的政府非货币类补贴。谢赫（Cheah，2006）采用蒙特卡洛模拟研究了马来西亚高速公路项目的政府担保问题，提出了政府补贴的期权定价公式。

随着研究的深入，学者发现用户的需求是影响项目运营收益的重要因素之一，政府补贴应该考虑未来需求。恩纪和卢斯莫尔（NG and Loosemore，2007）认为在 PPP 项目中社会需求是外生风险，超出了政府和私人资本的控制范围，不能由其中任何一方单独承担，应由双方共同分担。何（HO，2006）利用动态博弈理论分析了政府对私人部门的事后补偿机制，并得出了政府应给予补偿的范围。

综上所述，国内学者的研究主要集中于补贴机制、财政承受能力的研究，国外学者则集中于对补贴方式的评价与优化，国内外学者均集中于对某一类财政政策的研究，且更偏向于理论层面的分析，针对财政政策体系的研究少之又少。现阶段我国 PPP 财政支持政策呈现多元化状态，近两年相继推出 PPP 基金和 PPP 奖补资金政策，政策实施时间短，关于 PPP 具体财政政策的研究具有较大的空间。

7.3　财政政策与 PPP 模式关联性分析

7.3.1　财政政策的作用

1. 成本补偿作用

PPP 项目提供的多为公共产品，为了满足公共福利，政府往往会对产品实施价格管制，如图 7－1 所示，*AC* 为平均成本曲线，*MC* 为边际成本曲线，*MR* 为边际收益曲线，在完全竞争市场中，实施价格管制后，产品价格为 P_0，此时利润最大化条件下的产量水平为 *MR* 和 *MC* 的交点 Q_0，在 P_0 的价格水平下，企业面临亏损，亏损额为 ABCD 量，此时企业不愿投资 PPP 项目。给予财政补贴后，边际收益曲线向上移动到 *MR′*处，利润最大化的产量为 Q^*，此时企业盈亏相抵，亏损得到补偿。

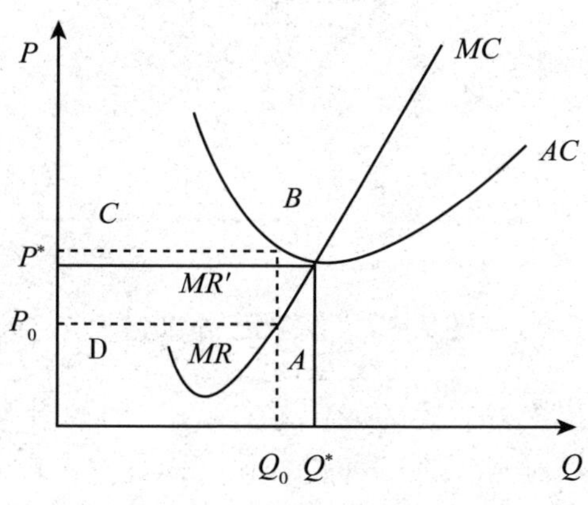

图 7－1　成本补偿

2. 降低企业风险

PPP 项目建设运营周期长，面临来自市场、政府的多重风险，具有高风险性，政府通过财政直接投入、财政补贴等政策与社会资本共同承担风险，有效降低项目风险，增加 PPP 项目对社会资本的吸引力。通过财政投入、财政补贴，可以使政府分担私人资本面临的部分风险，契合 PPP 模式风险共担的特性。

3. 解决正外部性

PPP 项目具有明显的正外部性，企业无法获取项目产生的全部收益，因此单纯依靠市场无法保障 PPP 产品有效供给，财政政策能够有效解决 PPP 项目的外部性问题。如图 7－2 所示，*MR* 代表私人边际收益曲线，*MC* 代表边际成本曲线，根据利润最大化原则，企业将在两者的交点 *E* 点处进行投资，对应的 PPP 投资规模为 I_0，而实现社会福利最大化的投资规模应当为社会边际收益曲线 MSR 与边际成本曲线 *MC* 的交点 E'所决定的投资水平 I^*。可以看出存在正外部性时，PPP 投资规模不能满足社会需求。对 PPP 项目给予财政补贴后，项目收益增加，私人边际收益曲线向上移动与社会边际收益曲线重合，此时企业的投资规模实现帕累托最优状态。

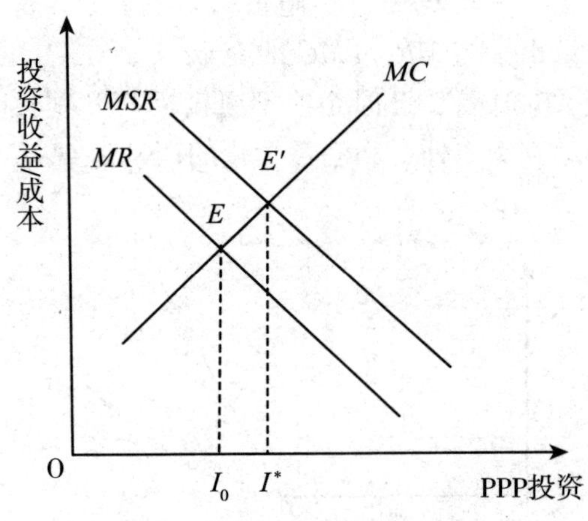

图 7－2　解决正外部性

但是，财政政策也存在一定的局限性：（1）财政补贴可能滥用，导致私人资本失去提高效率、降低成本的动力，使私人资本不能发挥自身优势，财政资金无法实现既定效果。（2）影响市场调节机制。财政补贴过度，人为扩大政府管控的领域，可能会出现政府“越位”的问题，影响市场调节机制的充分发挥。

7.3.2　财政政策效应

财政政策是国家进行宏观调控的重要工具，在促进 PPP 模式的发展中，财政政策发挥着重要的作用。目前我国支持 PPP 模式发展采用的财政政策主要有财政补贴、财政直接投入、引导基金等。

1. 乘数效应

从宏观分析层面看，财政资金投入对于国民收入具有扩张作用，并可以通过各部门之间的连锁反应，带来收入成倍的增长。

在三部门经济中，市场均衡条件为：

$$Y = C + I + G = \alpha + \beta(Y - T) + I_s + I_P + G \tag{7-1}$$

其中，Y 代表国民收入，C 代表消费，I_s 代表私人投资，I_p 代表政府投入，G 代表政府购买，β 代表边际消费倾向，T 代表税收。

根据式（7-1），可得国民均衡收入为：

$$Y = (\alpha - \beta T + I_s + I_p + G)/(1 - \beta) \tag{7-2}$$

其次，将式（7-2）对 T 求导，可得：

$$dY/dI_p = 1/(1 - \beta) \tag{7-3}$$

可以看出，财政投入一单位资金，可以带动国民收入 $1/(1-\beta)$ 倍的增长。当财政资金投入 PPP 项目时，项目的收益增加，企业能够从项目中获得更多利润，企业收入的增加为企业扩大生产投资提供可能，如此循环，最终一单位的财政投入导致国民收入增加 $1/(1-\beta)$，财政政策通过刺激投资、促进产业发展。

2. 替代效应

从微观层面看，财政政策主要通过影响产品的相对价格对企业的资源配置产生影响。

如图 7-3 所示，S 为 PPP 项目公司（以下简称“SPV 公司”）的生产可能性曲线，U 为消费者的无差异曲线，与 S 相切于点 E，此时边际替代率等于边际转换率，市场达到均衡状态。公共产品具有正外部性，单纯依靠市场机制无法提供充足的公共产品，需要通过政策引导。对公共产品给予财政补贴，公共产品的利润增加，SPV 公司会增加公共产品的生产，在资源总量一定的情况下，私人产品的产量减少，消费者的无差异曲线变为 U'，与生产可能性曲线 S 相切于点 E'，公共产品的产量增加，私人产品的产量相应减少。可以看出，财政政策会影响企业的资源配置情况。

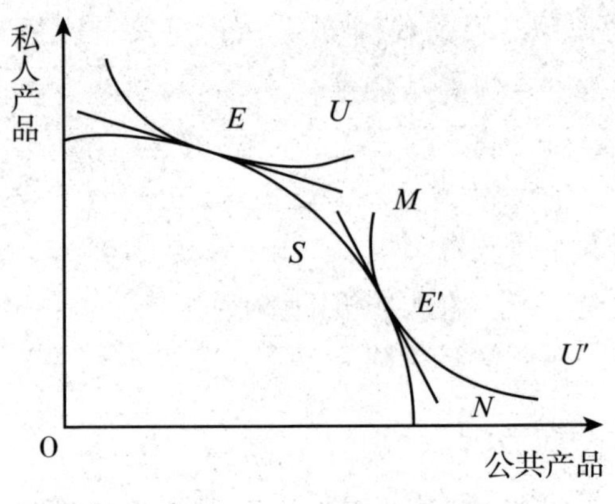

图7－3　替代效应

7.4　支持PPP发展的财政政策及问题分析

7.4.1　支持PPP发展的财政政策

1. 财政补贴

2015年，财政部印发《政府和社会资本合作项目财政承受能力论证指引》，规范政府对PPP项目运营的补贴数额，给出了政府付费模式和可行性缺口补助模式下财政运营补贴计算公式，使用者付费模式下政府不承担运营补贴支出责任。

第一，政府付费模式：财政当年运营补贴支出额＝项目全部建设成本(1＋合理利润率)(1＋年度折现率)^n/财政运营补贴周期＋年度运营成本(1＋合理利润率)。

在运营补贴期间，财政承担了全部的付费责任，财政支出责任包括项目的建设成本、运营成本及合理利润。

第二，可行性缺口补助模式：财政当年运营补贴支出额＝项目全部建设成本(1＋合理利润率)(1＋年度折现率)(1＋年度折现率)^n/财政运营补贴周期＋年度运营成本(1＋合理利润率)－当年使用者付费数额。

在这种回报机制下，运营补贴期间政府承担部分直接付费责任，财政支出责任为项目建设成本、运营成本及合理利润减去使用者付费后的差额。

该文件还规范了财政支出责任的比例，规定每一年度所有PPP项目需要从预算中安排的支出责任，占一般公共预算支出比例不应超过10%。并将PPP项目的财政支出责任编入预算，纳入中长期财政规划，加大了财政补贴资金的保证力度。

财政补贴具体数额和方式一般在政府与社会资本签订的合同中列明，数据透明度低，宁夏财政厅2016年PPP工作情况报告显示，截至2016年底，宁夏纳入财政部政府和社会资本合作（PPP）综合信息平台（以下简称“PPP项目库”）的项目共72个，投资总额共计1 739.78亿元，其中财政补贴558.84亿元，占比32.12%。江苏省财政对纳入省级以上试点的PPP项目给予了前期费用补贴，截至2016年底，发放三批共计6 420万元财政补贴。

2. PPP项目奖补资金

PPP项目以奖代补资金是政府为了吸引社会资本参与PPP项目投资，提高PPP项目建设运营效率，利用专项资金对符合条件的PPP示范项目和转型为PPP项目的地方融资平台公司存量项目给予的奖励。2016年，财政部发布《普惠金融发展专项资金管理办法》，对PPP项目奖补资金的标准和流程进行了规范，办法规定的奖励标准如表7－1所示。

表7－1　　PPP奖补资金奖励标准

PPP项目类型	项目规模	奖励标准
中央财政示范项目	3亿元以下	300万元
	3亿（含）~10亿元	500万元
	10亿元（含）以上	800万元
转型为PPP项目的地方融资平台公司存量项目		财政部在择优评选后，按照项目转型实际化解存量地方政府债务（政府负有直接偿债责任的一类债务）规模的2%给予奖励

资料来源：财政部：《普惠金融发展专项资金管理办法》，http：//jrs.mof.gov.cn/zhengwuxinxi/zhengcefabu/201609/t20160928_2429192.html。

用于PPP项目的以奖代补资金由中央财政从专项资金中全额拨付，以奖代补资金有利于规范项目的操作运行，缓解项目前期资金压力，激励社会资本提高项目质量，鼓励融资地方平台公司化解地方政府存量债务。2016年，财政部对42个总规模1 532.81亿元的新建示范项目和地方融资平台的转型项目拨付了2.6亿元奖补资金，其中，对40个新建项目拨付了2.53亿元奖补资金，对2个转型项目拨付658万元奖补资金，化解地方债务3.29亿元。

近两年，地方政府亦相继出台PPP项目奖补资金的管理办法，目前共有15个省（直辖市、自治区）出台了PPP项目奖补资金的管理办法，2016年1月，云南省财政厅发布《云南省政府和社会资本合作项目奖补资金管理办法》，对PPP项目全生命周期中的各项财政支出予以补助；2016年4月，北京市出台《推广政府和社会资本合作（PPP）模式奖补资金管理办法》，把奖补资金分为综合奖补资金和项目奖补资金，分别向市级主管部门和市、区级PPP项目拨付奖补资金；同年10月，宁夏财政厅印发《政府和社会资本合作（PPP）项目以奖代补资金管理暂行办法》，对符合要求的列入财政部和自治区示范清单的PPP项目按照项目规模给予奖励。表7－2包含了目前各地区已经出台的PPP奖补资金管理办法。

表7－2　　各地区PPP奖补资金管理办法汇总

地区	发布日期	文件名
四川	2015年10月	《省级财政支持政府与社会资本合作综合补助资金管理办法（试行）》
浙江	2015年12月	《推广政府和社会资本合作模式综合奖补资金管理暂行办法》
陕西	2015年12月	《关于政府和社会资本合作（PPP）项目奖补政策的通知》
云南	2016年1月	《政府和社会资本合作项目奖补资金管理办法》
山东	2016年2月	《“政府和社会资本合作”项目奖补资金管理办法》
北京	2016年4月	《推广政府和社会资本合作（PPP）模式奖补资金管理办法》
新疆	2016年5月	《自治区政府和社会资本合作模式奖补资金管理暂行办法》
江苏	2016年6月	《政府和社会资本合作（PPP）项目奖补资金管理办法（试行）》
贵州	2016年6月	《政府和社会资本合作示范工作省级奖补资金管理暂行办法》
江西	2016年7月	《支持政府和社会资本合作模式发展专项奖励资金管理暂行办法》
安徽	2016年9月	《省级政府和社会资本合作奖补资金管理办法》
宁夏	2016年10月	《政府和社会资本合作（PPP）项目以奖代补资金管理暂行办法》
河北	2017年2月	《省级政府和社会资本合作（PPP）项目奖补资金管理办法（试行）》
海南	2017年4月	《推广政府和社会资本合作模式以奖代补资金管理暂行办法》
吉林	2017年6月	《政府和社会资本合作（PPP）项目以奖代补资金管理办法》

资料来源：各省（区、市）财政厅网站。

2016年度，云南省财政厅安排奖补资金共计19 395.3万元，对省本级和全省16个州（市）及省直管县财政局报送的96个项目进行补助，其中，安排PPP示范项目奖励资金17 400万元，PPP项目咨询费补助1 995.3万元。2016年度全国各地区共安排PPP奖补资金8.89亿元，表7－3是2016年部分省（市）财政厅拨付PPP项目奖补资金一览表。

表 7-3　　2016 年各地区奖补资金数额

地区	涉及项目数量	数额（万元）	PPP 项目规模（亿元）
河北	—	30 000	6 788
云南	96	19 395.3	10 302
山东	—	10 000	12 229
江苏	23	10 000	6 798
安徽	—	5 000	2 118
宁夏	—	5 000	1 736
陕西	7	3 830	3 310
新疆	67	3 080	4 450
江西	—	2 500	1 806
湖南	3	97.78	5 109
总计	196	88 903.08	54 646

注：1. 由于各省财政信息公开程度的差异，只收录了部分省（直辖市、自治区）奖补资金数据。

2. PPP 项目规模为截至 2016 年 12 月 31 日的数据。

资料来源：根据各省（区、市）财政厅（局）PPP 工作报告整理。

3. PPP 产业引导基金

2014 年 10 月，国务院常务会议中提出要发展股权和创业投资基金，鼓励民间资本发起设立产业投资基金，政府部门可以通过认购基金份额等方式给予支持。同年，国务院发布《关于创新重点领域投融资机制鼓励社会投资的指导意见》，再次强调鼓励发展重点领域建设的投资基金，政府可以使用包括中央预算内投资在内的财政性资金认购基金份额。2015 年，国家发改委发布《基础设施和公用事业特许经营管理办法》，进一步明确县级以上政府有关部门可以探索与金融机构设立基础设施和公用事业特许经营引导基金，鼓励特许经营项目成立私募基金，通过发行企业债券、项目收益债券等方式拓宽投融资渠道。国务院办公厅于同年发布了《国务院办公厅转发财政部、发展改革委、人民银行关于在公共服务领域推广政府和社会资本合作模式指导意见的通知》，首次提出政府和社会资本合作（PPP）融资支持资金的概念，并将其定性为社会资本方，可以参与 PPP 项目的股权投资。同年年底，财政部印发《政府投资基金暂行管理办法》，进一步规范包括 PPP 投资基金在内的政府投资基金的管理。

根据文件指示，在经过国务院批准后，财政部与全国社会保障基金理事会、中国建设银行股份有限公司等十家金融机构和投资机构于 2016 年 3 月共同发起设立中国政府和社会资本合作融资支持基金（以下简称“中国 PPP 基金”），基金采用公司制形式，注册资本为 1 800 亿元。2016 年 12 月，中国 PPP 基金与吉林省、江苏省、湖南省等 9 个省份合作设立省级 PPP 基金，基金总规模达到 437 亿元，其中中国 PPP 基金出资 385 亿元，地方出资 52 亿元。

PPP 产业基金为 PPP 项目提供直接融资渠道，目前市场上的 PPP 产业基金总共有三种类型，第一种类型：政府出资发起 PPP 基金，与金融机构共同设立 PPP 母基金，母基金与地方政府及金融机构合资成立子基金，地方政府做劣后级，承担主要风险，母基金和金融机构做优先级；第二种类型：金融机构联同地方国有企业发起设立有限合伙基金，一般由金融机构做有限合伙人（LP）的优先级，地方国有企业做 LP 的次级，由金融机构指定的股权投资管理人做一般合伙人（GP）；第三种类型：由实业资本发起设立产业投资基金，该实业资本一般具有建设运营资质，实业资本与政府达成框架协议后，联合金融机构成立有限合伙基金。本书主要探讨财政政策的运行情况，所以只考虑第一种类型的 PPP 产业基金，即由政府主导的 PPP 产业引导基金，该类基金也是目前规模最大、运用最为广泛的一类基金。

（1）PPP 产业引导基金运行模式。在财政部的支持下，各省份陆续设立了省级 PPP 引导基金，并相继出台了 PPP 基金管理办法，根据已经出台的 PPP 引导基金实施方案，现有的 PPP 引导基金（第一种类型）主要采取以下三种运作模式：

模式一：政府发起设立 PPP 基金，政府授权的政府出资平台联合银行、保险等金融机构及其他社会资本方共同出资设立 PPP 产业引导基金，政府作为劣后级出资人，金融机构及其他出资人作为优先级出资人，PPP 基金可以由出资人组建的基金管理机构进行管理运营，也可以委托其他管理机构管理基金资产。运作模式见图 7－4：

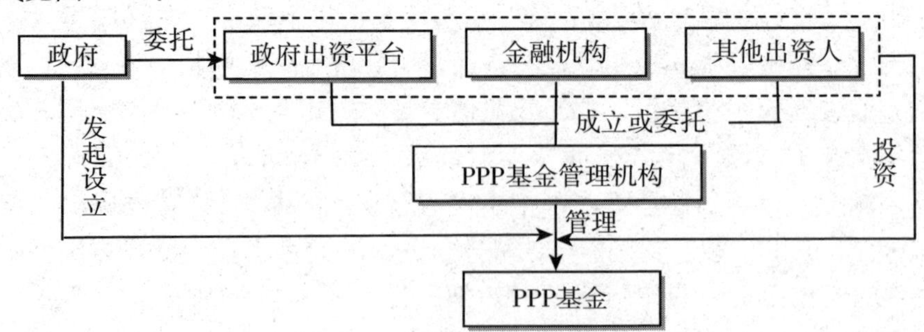

图 7－4　PPP 引导基金运作模式（一）

模式二：省级政府发起设立 PPP 引导基金，吸引金融机构及其他社会资金共同出资成立 PPP 母基金，政府与社会出资方组建或委托基金管理机构负责 PPP 引导基金的管理决策，主要负责对 PPP 子基金的投资参股、让利政策等重大决策；子基金由 PPP 母基金、地方政府和金融机构共同出资设立，地方政府为劣后级，承担主要风险，社会资本为优先级，承担次要风险。河南、山东等地采用的是这种模式。具体运作模式如图 7 – 5 所示。

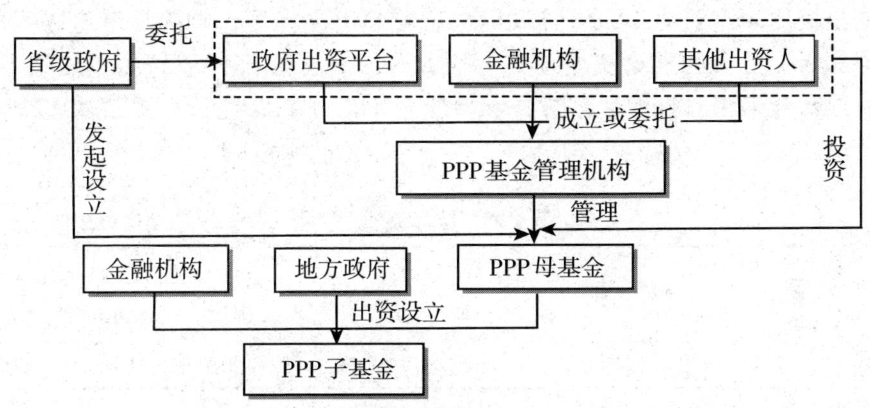

图 7 – 5　PPP 引导基金运作模式（二）

模式三：与第二种运作模式的区别在于，PPP 子基金由母基金全额投资设立，因此子基金的投资规模综合等于母基金的规模，政府为每个子基金分别选择管理机构负责基金资金的管理运营。例如江苏省就是采用这种模式，江苏省级母基金规模为 100 亿元，下设五个子基金，每个子基金规模为 20 亿元，分别选择五个基金管理机构管理子基金。具体模式见图 7 – 6。

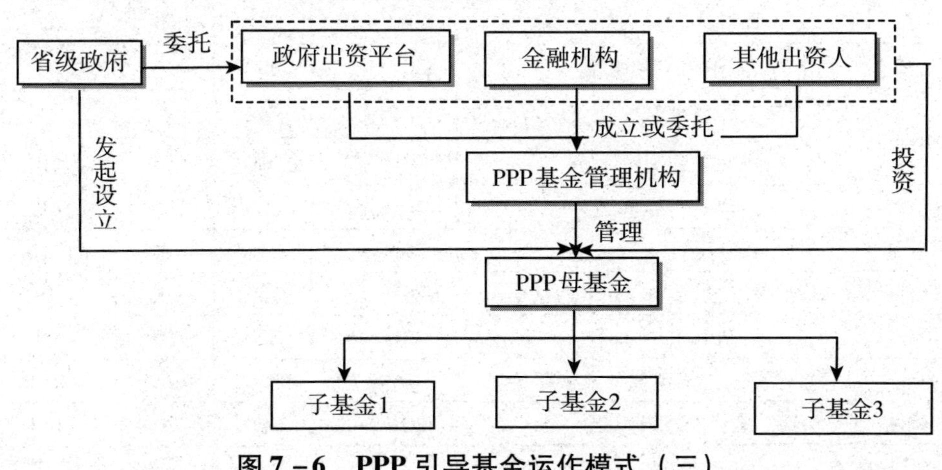

图 7 – 6　PPP 引导基金运作模式（三）

（2）PPP 产业引导基金运行现状。近两年，各地区相继设立了省级 PPP 产业引导基金，PPP 引导基金设立以来带动大量社会资本投向政府基础设施和公共服务领域，发挥财政资金的杠杆作用，缓解财政资金压力。江苏省设立了规模 100 亿元的 PPP 融资支持基金，截至 2016 年底，基金发生投资 50.01 亿元，涉及 20 个项目，带动项目总投资 737 亿元。表 7－4 是各省级 PPP 引导基金汇总表，从表 7－4 中可以看出，政府发起设立的省级 PPP 引导基金中，财政与社会资本的出资比例一般为 1∶9，财政资金主要起引导作用，省级母基金下设子基金，能够吸引更多的社会资本参与基金投资，充分发挥财政资金的杠杆作用。PPP 引导基金采用股权或债权方式直接投资 PPP 项目，可以有效解决 PPP 项目的融资问题。

表 7－4　　省级 PPP 引导基金汇总　　单位：亿元

地区	基金名称	设立时间	基金规模	资本结构	
				政府	社会资本
河南	PPP 开发性基金	2015－6	50	10	40
江苏	PPP 融资支持基金	2015－6	100	10	90
山东	政府和社会资本合作发展基金	2015－7	800	80	720
云南	PPP 融资支持基金	2015－9	50	2	48
新疆	PPP 引导基金	2015－10	1 000	100	900
河北	PPP 京津冀协同发展基金	2015－12	100	10	90
四川	PPP 投资引导基金	2015－12	50	10	40
湖南	PPP 融资支持基金	2015－12	200	—	—
广西	广西政府投资引导基金	2015－12	30	30	0
安徽	城镇化 PPP 基金	2016－1	500	—	—
山西	改善城市人居环境 PPP 投资引导基金	2016－2	144	—	—
	PPP 融资支持基金	2016－4	100	10	90
福建	PPP 引导基金	2016－3	200	20	180
黑龙江	PPP 融资支持基金	2016－3	1 340	100	1 240
浙江	基础设施投资（含 PPP）基金	2016－3	100	100	0
贵州	PPP 引导基金	2016－8	100	10	90
海南	基础设施和城乡统筹发展基金	2016－12	45.02	5	40.02
内蒙古	自治区 PPP 基金	2017－1	200	20	180

资料来源：各地区 PPP 基金相关报道。

7.4.2 PPP 财政政策存在的问题

1. 财政承担过多支出责任

现有的财政补贴机制对没有对政策性亏损和市场性亏损进行区分，而是按照企业运营过程中实际发生的亏损进行补贴。根据风险共担原则，因需求量、市场价格波动等市场因素造成的市场性亏损应由私人部门承担。在现有的财政补贴机制下，风险过多地向政府部门倾斜，增加了财政支出压力。与此同时，部分地方政府为了完成业绩指标，保障 PPP 项目数量，在项目签约时向社会资本方承诺固定回报收益、为项目提供高额财政补贴、承诺到期回购项目资产，承担过多的支出责任，政府有时候因为无力支付干脆不履行承诺，尤其政府换届后不兑现承诺的可能性增加，这样不仅影响政府信誉，也会导致私人资本无法取得预期收益而陷入资金流动困境，最终导致项目失败。

案例分析:[①] 遵义南、北郊水厂项目。2004 年，遵义市政府与法国威立雅水务签订“遵义市南、北郊水厂特许经营权授予（资产转让）协议”，市政府以 1.52 亿元的价格出让南郊、北郊两个日生产能力 20 万吨的自来水厂，经营期限 30 年，期满后可续展 5 年，项目采用 TOT 模式。协议约定，遵义市供排水公司向威立雅公司第 1 年购水量 11.6 万吨/日，逐年递增至 18.2 万吨/日；购水费第 1 年为 0.92 元/吨，逐年增加至 1.25 元/吨。

根据测算，水厂运营 35 年，将累计实现利润 13 亿元，项目投资回报期为 6.5 年。而遵义市依据协议约定向威立雅公司购买基本水量将面临巨额预亏，前五年累计亏损额为 1.089 亿元（不包括水资源费、城市附加和增值税等费用）。遵义市供排水公司向市政府递交的《市供排水有限责任公司生产经营的情况汇报》中指出：“资产（指两水厂）出让后，按现行水价计算，公司负债以出让资产后获得的资金全部偿还债务为前提，在支付威立雅公司购水成本后，第 1 年至第 5 年将亏损 1.089 亿元。若水价按 1.80 元/吨计算，仍将亏损 2 547 万元。且未含水资源费、城市附加和增值税等费用。”特许经营权协议签订后，遵义市供排水公司职工不断上访，最终让这两个水厂的移交工作被迫搁置。在这个案例中，政府承担了过多风险，外资资本取得可观的固定收益，市场风险由政府承担，违背了 PPP 模式风险共担的原则。

2. 政策适用范围有限

PPP 项目主要由国家发改委和财政部两个部门负责统筹，2016 年两个部门

---

① 《贵州遵义市出让两水厂经营权的经济账》，http://www.h2o-china.com/news/27109.html。

对于各自在PPP项目中负责的领域进行了明确分工，2016年8月31日，国家发改委发布《关于切实做好传统基础设施领域政府和社会资本合作有关工作的通知》，明确国家发改委负责基础设施领域的PPP项目；同年10月，财政部发布了《关于在公共服务领域深入推进政府和社会资本合作工作的通知》，表明财政部负责公关服务领域的PPP项目。通过对比两份文件，我们发现两部门对PPP项目的管理模式有所不同，发改委对项目进行可行性论证时侧重于分析PPP模式对于项目的适用性，符合条件的项目纳入传统基础设施PPP项目库；财政部要求对PPP项目开展物有所值评价和财政承受能力论证，符合条件的项目纳入PPP综合信息平台项目库进行管理，可以看出，国家发改委和财政部依托于各自的平台对项目进行统筹管理，PPP引导基金和以奖代补基金则是依托于PPP综合信息平台项目库进行发放，未入库项目原则上不得通过财政预算安排支出责任，这将限制财政支持政策的适用范围。

7.5 典型国家经验借鉴

英国是世界上最早使用PPP模式的国家之一，经过几十年的发展，PPP模式相对比较成熟，与之相匹配的财政支持政策也较为完善。加拿大是目前开展PPP项目最活跃的国家之一，经验表明财政政策在促进PPP的发展中发挥了重要作用。两国的PPP财政政策经验对于我国具有一定的借鉴意义。

7.5.1 典型国家PPP财政政策经验

1. 加拿大经验

加拿大是目前开展PPP项目最活跃、最成熟的国家之一，加拿大属于联邦制国家，地方政府具有相对独立的立法权，负责提供辖区内的基础设施和公共服务。1991~2015年，加拿大启动了245个PPP项目，项目总值超过1 180亿美元，涉及交通、司法、医疗、教育、能源等行业（袁中美，2016）。

财政政策方面，加拿大主要通过设立PPP基金的方式推动PPP发展，2007年，加拿大政府设立了规模约12.5亿美元的“加拿大P3基金”，同时设立了加拿大PPP局负责管理基金，P3基金已经投资24个项目，撬动私人资本60多亿美元，使PPP在全国得到了推广。2014年，联邦政府又启动了“新加拿大建设计划”，聚焦于那些能够促进经济增长、创造就业机会的基础设施项目，该计划将会在未来10年提供稳定资金，共包括三个部分：（1）社区改善基金，2014~2024年，市政府可以获得超过320亿美元的天然气税和增值税退税，这些资金将用于道路、公共交通、娱乐设施等社区基础设施建设；（2）140 亿美元的加拿大建设基金，其中 40 亿美元用于支持国家重点基础设施项目，100 亿美元用于支出省、区域的重点基础设施项目；（3）加拿大 PPP 公司管理的 12.5 亿美元加拿大 P3 基金。这一举动充分调动了地方政府和私人资本参与 PPP 项目的积极性。此外，加拿大养老基金是参与基础设施投资的重要力量，据统计，基础设施的投资中养老基金占比平均为 5%，远高于国际 1% 的水平。养老基金的参与为 PPP 项目提供了大量低成本资金，有效解决 PPP 项目的融资问题。

2. 英国经验

英国是 PPP 模式的起源地，20 世纪 80 年代英国开始尝试 PFI 模式，经过几十年的发展，形成了一套完善的法律机制和政策体系支持 PPP 模式的发展，英国也成为 PPP 模式发展最成熟的国家之一。在英国，PFI 模式是使用最广泛的一种 PPP 模式。截至 2016 年 3 月 31 日，英国共有 716 个 PFI 项目，总价值为 594 亿英镑。

在 PFI 模式下，政府成为公共设施和服务的购买者，PFI 模式发展初期存在多种问题，英国属于高福利国家，教育、医疗等属于免费项目，所以英国大多数 PFI 项目采用政府付费模式，政府需要向私人部门支付长期稳定的费用。PFI 模式风险分配不合理，政府部门承担过多风险，且由于财务不透明，私人部门利用 PFI 项目牟取暴利。2012 年 12 月，英国财政部发布《公私合作的新方法》（New Approach to Public Private Partnership），对 PFI 模式进行改革，推出 PF2 模式，增加了公共部门在 PPP 项目中的权利，作为股东，公共部门可以向项目公司董事会派出成员，及时获取项目信息，建立更透明、更有价值的伙伴关系。改革第一步推出了优先学校建设计划，用 PF2 模式重建五批共 46 所学校，项目投资共计 7 亿英镑。政府鼓励养老基金参与项目投资，并通过股权投资的竞争机制吸引优质的长期投资机构参与 PFI 项目的投资。

7.5.2 启示

两国政策实践经验表明，财政政策对于促进 PPP 发展起到了重要作用。但是在制定财政政策时应当保持政策力度适中，财政政策的目的是满足私人部门合理的利益诉求，激励私人部门进行创新提升项目质量，政策力度不能过大，不能成为私人部门牟取暴利的工具。例如，英国 PPP 模式发展前期财政补贴力度大，PPP 项目财务不透明，私人部门从项目中获取高额利润，引起社会公众的不满。

此外，应当充分发挥财政资金的杠杆作用，拉动社会资金参与投资。例如加拿大政府设立了“加拿大 P3 基金”，撬动了近 5 倍的社会资金，充分调动私人部门的积极性，推动 PPP 项目的运行。美国实施股权竞争机制，吸引养老基金等优质长期的投资机构参与 PPP 项目的初期投资。

7.6 引资“公私合营”福建省内厦门首开 PPP 模式

2015 年 3 月 18 日《厦门市推广运用政府和社会资本合作（PPP）模式的实施方案》（以下简称《方案》）颁布实施，这意味着未来将有更多政府投资项目向社会开放，厦门 PPP 模式时代由此开启。值得一提的是，在福建省政府公开的首批 PPP 项目中，厦门轨道交通 2 号线、3 号线将率先引入社会资本实行“公私合营”。

根据《方案》，从 2015 年起，厦门符合条件的新建、改建项目，经发改部门会同财政和行业主管部门进行甄别、评估论证后筛选出来的适宜采用 PPP 模式的建设项目，政府或其指定的有关职能部门或事业单位（以下简称“项目实施机构”）必须做好项目整体策划，编制 PPP 模式实施方案，先行通过竞争机制择优选择合作伙伴，吸引各类社会资本参与项目的投融资、建设和运营。经过市场实践后确因客观条件限制无法实现 PPP 模式合作的，再考虑安排其他建设资金来源。

建设项目方面，厦门重点推进交通领域（轨道交通、机场、高速公路、桥梁、隧道、综合交通枢纽等）、市政公共设施领域［供水、污水、垃圾处理、固废处置、燃气、公共充电设施、公共停车场（库）、地下综合管廊等］和社会事业设施领域（教育培训、体育健身、医疗、文化、养老服务设施、保障性安居工程、棚户区改造等）开展 PPP 项目合作。

对于已建成的项目，《方案》明确，相关行业主管部门应积极探寻植入 PPP 模式，引入社会资本并组建 PPP 项目公司，通过项目租赁、重组、转让等方式对原项目进行升级改造或合作经营。

7.6.1 收益过低可获补贴

《方案》提出，对于具有明确的收费基础，并且经营收费能够完全覆盖建设和经营成本，能产生合理利润的经营性项目，通过政府授予特许经营权进行投资运营主体招商，依法放开建设、运营市场，推进市场化运作；对于经营收费不足以覆盖投资成本和收益，或者虽然可基本实现保本微利，但前期投入较大、投资回收期较长的准经营性项目，政府将通过授予特许经营权附加部分必要补贴等措施，建立投资、补贴与价格的协同机制，为投资者获得合理回报创造条件；对于缺乏“使用者付费”基础、主要依靠“政府付费”回收投资成本的非经营性项目，将通过政府购买服务等机制，保障社会投资人的权益。

为增强 PPP 项目对社会资本的吸引力，厦门配套了系列扶持政策。《方案》明确 PPP 项目经认定后可进入“绿色通道”，按规定享受优先审批等政策。符合现行政策的 PPP 项目公司，享受厦门市总部经济的优惠政策，并优先上报争取中央资本投入等支持。

融资方面，厦门市政府将全面支持 PPP 项目与银行、担保机构的合作，支持项目公司进行股权、债券等多种融资方式，并且支持 PPP 项目公司利用国际金融组织、外国政府贷款，以及全国社保基金、保险资金等资金。值得一提的是，经本级政府批准，PPP 项目特许经营权可用于向金融机构进行质押融资。

7.6.2 省内最早试水

厦门是福建省内最早开展 PPP 模式的城市。早在 2004 年，中环保水务投资有限公司出资 4.6 亿元竞得厦门水务集团自来水 45% 及污水 55% 的资产，创下了厦门国有资产转让的最高纪录。此举当时被誉为厦门城市公用事业吸引社会资本进行市场化改革方面的一项重大举措。

2006 年，厦门市燃气总公司又与央企华润（集团）有限公司签约，双方共同出资 12.98 亿元组建新燃气运营主体。这样，华润集团在出资 6.5 亿元后取得了新合资公司 49% 的股权，与厦门燃气总公司共同经营厦门民用天然气项目，这个项目已于 2008 年初投产。通过改制，这两个项目都焕发了新的活力。

政府和社会资本共同参与投资的模式，将增加项目的经济可行性。政府通过授予特许经营权、合理定价、财政补贴等方式引入社会资本，既有利于推动公共产品和服务的市场化配置，提高效率，也有利于减轻政府债务负担，防范化解财政风险。

7.6.3 交通工程领域是大头

继 2014 年 5 月中央公布首批 80 个允许社会投资项目后，9 月 15 日，福建省发改委也在其官网上公布了福建省首批 122 个 PPP 试点项目，涉及生态环保、水利工程、健康养老、交通工程、保障性安居工程、城乡建设、文化产业、旅游产业等多个方面，项目投资总额 2 247 亿元。

同时，福建省发改委还公布了关于推广 PPP 试点的指导意见，明确提到会给予符合现行政策的 PPP 项目公司以一定政策扶持，如省财政厅会根据全省 PPP 进展情况，逐步安排 5 亿元专项资金，成立风险池，为地方 PPP 项目贷款提供增信支持。指导意见还具体了一些实施条款，点明试点项目应为收益比较稳定，技术发展比较成熟，长期合同关系比较明确，投资金额一般在 1 亿元以上，一轮合作期限一般为10～30年。

从公开的项目来看，交通工程领域是其中的大头。交通工程共计33项，投资总额为1 559亿元，占首批PPP试点项目投资总额的69%左右，包括4个铁路和轨道交通项目，19个公路项目，10个港口项目。

公开的清单中，以厦门上报的两个交通工程项目体量最大，从五缘湾至天竺山，长约41.5公里的“厦门市轨道交通2号线”，投资额为293亿元；从火车站到翔安机场，长约37.4公里的“厦门市轨道交通3号线”，投资额为280.5亿元。

7.7 厦门市PPP模式试点扶持政策

为加强对厦门市政府和社会资本合作PPP模式的政策扶持引导，加快推进厦门市PPP试点工作，厦门市政府推出了PPP项目扶持政策：

7.7.1 保障项目前期经费

对经厦门市政府批准采用政府和社会资本合作PPP模式的试点项目，由厦门市发改委会同市财政局根据项目实际情况安排相应的前期工作经费，保障项目实施机构开展项目前期调研、聘请专业咨询机构策划、编制项目实施方案、组织项目采购、合同谈判等前期工作，规范项目操作流程，保障各环节工作有序开展。

7.7.2 奖补各区试点项目

自2015年起，对各区（管委会）符合规定成功引入社会资本（不包括政府有回购承诺的各类基金）的PPP试点项目，市财政按照引入社会资本金额的5%给予项目实施地财政部门一次性奖励，单个项目奖励金额不超过5 000万元；列入财政部PPP示范项目或国家发改委PPP试点项目库的，奖励金额按上述标准（含限额）提高20%。奖励资金由市财政通过体制下达项目实施地财政部门，主要用于补助PPP项目前期费用及其他相关费用支出，也可用于投资入股PPP项目公司。

7.7.3 加大财政资金支持

对符合条件并运用PPP模式的交通、能源、市政、水利、信息、环保、保障性安居工程、医疗和养老服务等公用事业和基础设施建设项目，优先上报争取中央财政等支持，并按厦门市现行政策优先安排专项补助，补助标准可适当上浮，最高不超过20%。

7.7.4 扩大项目融资渠道

鼓励金融机构按照风险可控、商业可持续原则积极探索适合 PPP 项目特点的信贷产品和融资服务。因项目实施需要，经本级政府批准，PPP 项目特许经营权可用于向金融机构进行质押融资。鼓励符合条件的 PPP 项目运营主体在资本市场通过发行公司债券、企业债券、中期票据、定向票据等市场化方式进行融资。鼓励 PPP 项目公司发行项目收益债券、项目收益票据、资产支持票据等，优先支持发行养老服务业、城市停车场、城市地下综合管廊等专项债券。积极支持 PPP 项目公司利用国际金融组织贷款和外国政府贷款，对接财政部 PPP 融资支持资金、各类保险投资基金和全国社保基金等多渠道资金；鼓励各类创业投资、产业投资等股权投资基金参与厦门市 PPP 项目合作，扩大 PPP 项目资金来源渠道，符合厦门市股权投资类企业条件的，可享受厦门市股权投资类企业相关扶持政策。积极支持 PPP 项目公司通过境内外上市、进入全国中小企业股份转让系统（“新三板”）、区域股权交易中心等方式进行股权融资，并享厦门市扶持企业上市相关优惠政策。

7.7.5 提供项目融资增信支持

鼓励担保机构、保险机构对符合条件的 PPP 项目提供担保、再担保、联合担保、担保与保险相结合等服务，享受厦门市相关的风险补偿等政策。厦门市财政根据 PPP 项目实施进展情况，安排市级 PPP 项目增信资金，为 PPP 项目融资提供增信支持。经厦门市政府批准的 PPP 试点项目，纳入市级 PPP 项目增信资金支持范围，金融机构在提供 PPP 项目融资时，增进信用等级、提高授信额度和降低融资成本。当 PPP 项目发生融资违约，有关担保不足偿还本金的部分，由金融机构和增信资金按一定比例分担，单个项目代偿金额不超过 3 000 万元；金融机构和增信资金可据此向 PPP 项目公司追偿，追偿所得同比例返还金融机构与增信资金。

7.7.6 特别奖励

对承担市级 PPP 试点工作，在引进社会资本、提高公共服务质量和效率方面做出突出贡献的相关单位和个人，由厦门市发改委会同市财政局根据具体情况提出奖励意见，报市政府批准后给予奖励。

7.7.7 保障社会资本的合法权益

对经批准采用政府和社会资本合作 PPP 模式的试点项目，政府负有支出责任的，市、区财政部门须将其纳入年度财政支出预算和中长期财政规划，保障资金拨付需要。区级 PPP 项目正式生效后，项目实施地财政部门须在 1 个月内向市财政局报备，报备内容包括项目概况、合作方式、合作各方权利义务关系、财政负有的支出责任、支付方式及相关保障安排计划等。区级 PPP 项目实施地财政到期未履行或未完全履行支出责任的，市级财政可通过财政体制进行扣款，切实保障社会资本的合法权益。

7.7.8 建立公共服务平台

厦门市财政局、厦门市发改委稳步筛选 PPP 项目专业咨询机构，建立市级咨询机构库，在项目识别、筛选、论证、策划等环节购买专业咨询服务，为项目提供技术支持。市发改委通过门户网站定期发布 PPP 有关政策和项目信息，设立项目库跟踪、统计和汇总项目情况。

7.8 政策建议

7.8.1 总体思路

我国 PPP 模式起步较晚，缺乏实践经验，财政政策实施时间短，政策执行时仍存在较多问题。对 PPP 给予财政支持，建议规范财政资金的使用，建立合理的评价标准，对符合条件的项目给予资金支持。建立中长期财政预算，保障财政资金长期稳定的投入。

同时，把握财政支持力度，避免政府承担过多支出责任。综合运用财政补贴、PPP 基金、奖补资金等多种财政手段，提高项目风险防御能力，激励社会资本发挥创造性和主观能动性，充分发挥财政资金的杠杆作用，撬动社会资本，引导社会资本投入 PPP 项目。

7.8.2 具体政策建议

1. 完善财政补贴机制

掌握财政补贴尺度，对项目亏损进行合理补贴，对项目产生的利润正常征税。制定财政补贴政策时，应该区分政策性亏损和市场性亏损，仅就政策性亏损给予补贴，市场因素引起的亏损应由企业自行承担。对政策性亏损进行补贴时，可以考虑建立基于绩效评价的财政补贴机制，提高财政资金的使用效率。在对政策性亏损进行补贴的基础上，引入绩效考核机制，把项目运营效率、公众满意度、项目质量等纳入考核指标，绩效考核结果决定补贴系数，企业最终获得的财政补贴数额与服务质量、员工工作效率、消费者满意度等挂钩，有助于激励企业不断进行技术创新，提升管理运营效率，提高服务质量，更好地满足公众需求，为社会公众提供高质量的公共产品和服务。

2. 完善 PPP 基金运行机制

PPP 基金管理可以考虑采用市场化模式，通过竞争机制引入专业机构对 PPP 基金进行管理，借助社会部门的管理经验，提高 PPP 基金的投资、运作效率。需要从以下几个方面完善 PPP 基金的运行机制：首先，明确基金管理机构的责任，规范基金管理机构行为，管理机构应当加强基金运行各环节的风险监控，履行风险提示责任，提高基金防御风险的能力；其次，建立一套考核指标及相应的奖惩机制，激励管理机构提高基金的投资运营效率，充分发挥资金的杠杆作用；最后，加强监督，公开基金投资运营相关信息，提高基金运作的透明度，政府相关部门和社会公众通过信息共享共同监督基金运作，防止基金管理机构暗箱操作，降低潜在风险，保护投资人权益。

3. 完善财政承受能力论证体系

设立专门的 PPP 主管部门，统筹管理全国 PPP 项目，解决 PPP 项目多头管理问题，协调财政部和发改委的政策措施。由 PPP 主管部门委托第三方机构对地方政府提交的 PPP 项目进行财政承受能力论证，并根据论证结果对 PPP 项目进行审批，这样可以解决项目申请者同时也是财政承受能力论证者的问题，确保项目论证结果的公正性、准确性。

在项目论证过程中，遵守谨慎性原则，明确政府与社会部门双方的支出责任，进一步细化政府在项目全生命周期中承担的支出责任，考虑财政隐形负债，防止地方政府为了使项目立项隐瞒真实的支出责任，增加违约风险。政府一般同时管理多个 PPP 项目，做好财政的中长期规划，估算项目全生命周期需要的财政支出，评估项目对财政当年及以后年度的影响，进行物有所值评价和财政承受能力论证，把政府对项目的支出纳入财政预算中，确保财政资金及时到位，提高政府信用。

4. 选择合适的社会合作方

在政府采购阶段，可以通过竞争方式选择最佳社会合作方，激励社会资本发挥创造性和自身优势，不断优化项目设计，降低项目成本，提高建设运营效率。将参与竞争的企业报价与 PSC 值进行比较，综合考虑土地、税收等因素，定量评价竞标企业的报价是否符合物有所值标准。与社会资本签订合同时，需要仔细审查合同条款，明确财政支出责任并对其进行定量测评，控制在财政承受能力范围内，制定合同时需要考虑项目建设运营过程中可能遇到的问题，避免项目实际实施方案与前期论证出现重大偏差，导致财政支出超出限额，甚至项目不再符合物有所值标准。

5. 统筹使用各类财政资金

区分各类财政资金的用途和目的，针对不同项目单独或混合运用 PPP 基金、财政补贴和奖补资金等手段，以实现既定目标。例如，PPP 奖补资金可以用于奖励优秀的 PPP 项目，主要作用于项目运营阶段，需要定期对 PPP 项目进行评价，根据评价结果给予奖补资金，以此激励社会资本不断提高项目质量。PPP 基金可以采用股权或债权方式投入具体项目，适用于前期投入大、高风险的项目，主要作用于项目融资和建设阶段，与国有企业相比，民营资本融资难度大，PPP 项目的参与意愿低，PPP 基金可以考虑优先投入社会合作方为民营资本的项目，缓解民营资本的融资困境。财政补贴则是政府部门参与项目的方式之一，适用于政府付费、可行性缺口类项目，一般贯穿项目全过程。政府运用上述手段时应当考虑项目特征和政策效果，综合运用各种形式的财政资金达到目的。

可以由 PPP 主管部门负责统筹协调财政补贴、PPP 基金和奖补资金等财政资金的运用，汇总统计并公开各类财政资金的使用情况。避免财政资金集中投入部分 PPP 项目，其他项目因缺乏资金而中止，可以防止私人部门通过寻租获得过多财政资金支持，取得不合理的高额利润。

附录　福建省厦门市概况

厦门，别称鹭岛，简称鹭，福建省副省级城市、经济特区，东南沿海重要的中心城市。厦门位于北纬24°23′~24°54′、东经117°53′~118°26′，福建省东南端，西界漳州，北邻南安和晋江，东南与大小金门和大担岛隔海相望，与漳州、泉州并称厦漳泉闽南金三角经济区。厦门由本岛厦门本岛、离岛鼓浪屿、西岸海沧半岛、北岸集美半岛、东岸翔安半岛、大小嶝岛、内陆同安、九龙江等组成，陆地面积1 699.39平方公里，海域面积390多平方公里。21世纪厦门逐渐成为现代化国际性港口风景旅游城市，拥有世界文化遗产、第一批国家5A级旅游景区——鼓浪屿。

1980年10月7日，邓小平批复设立经济特区，厦门先后获批开发开放类国家综合配套改革试验区（即“新特区”），自由贸易试验区，厦门已成为两岸新兴产业和现代服务业合作示范区、东南国际航运中心、两岸区域性金融服务中心和两岸贸易中心。

2016年末，厦门市区城市建成区面积334.64平方公里，常住人口392万人，人口密度每平方千米2 306人。其中，户籍人口220.55万人；在户籍人口中，城镇人口186.88万人；厦门岛内人口（即思明、湖里两区人口）105.30万人，占户籍人口的47.7%。在户籍人口变动中，全年人口出生率21.32‰，人口死亡率4.84‰，人口自然增长率16.49‰，比上年增长3.66个千分点；年末户籍人口中，男性人口和女性人口分别为109.21万人、111.34万人，性别比为98.1（以女性为100）。

2016年，全年地区生产总值（GDP）3 784.27亿元，按可比价格计算，比上年增长7.9%。其中，第一产业增加值23.19亿元，下降5.1%；第二产业增加值1 544.59亿元，增长5.7%；第三产业增加值2 216.49亿元，增长9.8%。三次产业结构为0.6∶41.2∶58.2。按常住人口计算的人均地区生产总值97 282元，增长6.4%，折合14 646美元。

2016年，厦门市实现公共财政预算总收入1 083.34亿元，比上年增长8.2%，其中地方级财政收入647.94亿元，增长8.6%。在地方级财政收入中，实现税收收入527.95亿元，增长9.6%，其中增值税、改征增值税和营业税206.97亿元，增长4.8%；企业所得税101.23亿元，增长13.5%；个人所得税40.89亿元，增长46.4%；土地增值税76.38亿元，增长22.5%。全年财政支出758.64亿元，增长16.5%。

2016年，厦门全体居民人均可支配收入43 143元，比上年增长8.7%。其中人均工资性收入30 411元，增长7.9%；人均经营净收入4 224元，增长8.3%；人均财产净收入4 927元，增长10.0%；人均转移净收入3 582元，增长14.0%。全体居民人均生活消费支出29 211元，增长6.8%。城镇居民人均可支配收入46 254元，比上年增长8.6%。其中人均工资性收入32 699元，增长7.9%；人均经营净收入4 180元，增长7.9%；人均财产净收入5 464元，增长9.7%；人均转移净收入3 911元，增长13.8%。城镇居民人均生活消费支出30 867元，增长6.7%。农村居民人均可支配收入18 885元，比上年增长7.6%。其中人均工资性收入12 566元，增长5.6%；人均经营净收入4 567元，增长10.8%；人均财产净收入739元，增长13.2%；人均转移净收入1 014元，增长13.9%。农村居民人均生活消费支出16 300元，增长6.8%。

2016年，空气优良天数362天，优良率为98.9%，环境空气质量在全国74个重点城市中排名第四。集中式饮用水源地水质达标率100%。昼间区域环境噪声平均等效声级55.5dB（A），昼间道路交通噪声平均等效声级67.8dB（A）。顺利完成2016年主要污染物总量减排年度目标，二氧化硫、氮氧化物、化学需氧量和氨氮分别削减6.57%、12.22%、9.87%和5.02%。2016年，城市建成区面积扩大到334.64平方公里，拥有公园120个，占地面积2 593公顷；人均公园绿地面积（不含暂住人口）19.98平方米；建成区绿化覆盖面积14 367公顷，绿化覆盖率为42.93%；污水集中处理率100%；生活垃圾无害化处理率98%。

2016年，厦门市城镇新增就业17.02万人，农村富余劳动力实现转移就业人口1.12万人；至年末，实有登记失业人数2.71万人，城镇登记失业率为3.36%。2016年末，基本养老、基本医疗、工伤、失业和生育保险参保人数分别达到245.88万人、351.37万人、192.30万人、192.46万人和181.88万人，分别比上年末增长3.7%、5.8%、4.6%、5.5%、5.9%。其中外来从业人员参加基本养老、基本医疗、工伤、失业和生育保险的人数分别达到121.11万人、121.63万人、121.93万人、121.01万人和121.36万人，分别增长5.3%、5.8%、1.4%、5.3%和5.8%。各类社会保险基金收入279.41亿元、支出183.27亿元，各类社会保险基金历年累计结余759.99亿元。

厦门市有医疗保险定点医疗机构351家，医疗保险定点零售药店1 226家，纳入医疗保险定点服务管理的养老服务机构医务室19家、村卫生所297家，工伤保险协议医疗机构 34 家，工伤保险协议辅助器具配置机构 5 家，工伤保险协议康复机构 2 家。共给厦门市 3. 94 万失业人员发放失业保险金 2. 89 亿元。24. 34 万名退休人员移交社会化管理服务，厦门市社会化管理率为 99. 33%，社区管理率达到 100%。企业退休职工月平均养老金 3 291 元，城乡居民月人均基础养老金 260 元，被征地人员月人均退养金 1 457 元。

参考文献

[1] 曹启龙、盛昭瀚、周晶：《激励视角下PPP项目补贴方式研究》，载于《科技管理研究》2016年第14期，第228~233页。

[2] 查默斯·约翰逊著，金毅等译：《通产省与日本奇迹——产业政策的成长（1925-1975）》，吉林出版集团2010年版。

[3] 成田孝三：《转换期的都市和都市圈》，京都地人书房1995年版。

[4] 程大中：《论服务业在国民经济中的“黏合剂”作用》，载于《财贸经济》2004年第2期。

[5] 党的十八大报告文件起草组：《十八大报告辅导读本》，人民出版社2012年版。

[6] 邓小鹏、熊伟、袁竞峰等：《基于各方满意的PPP项目动态调价与补贴模型及实证研究》，载于《东南大学学报》2009年第6期，第1252~1257页。

[7] 第文涛、郭上：《关于规范运作PPP基金的思考》，载于《财会研究》2016年5月，第5~7日。

[8] 福建省统计局：《福建统计年鉴》，中国统计出版社2014年版。

[9] 福建省统计局：《福建统计年鉴》，中国统计出版社2015年版。

[10] 干春晖、郑若谷、余典范：《中国产业结构变迁对经济增长和波动的影响》，载于《经济研究》2011年第5期。

[11] 冈田宏：《东京城市轨道交通系统的规划、建设和管理》，载于《城市轨道交通研究》2003年第3期。

[12] 韩永强：《我国职业教育发展：现状、问题与方略》，载于《职业技术教育》2015年第7期，第17~22页。

[13] 赫荣亮：《PPP项目应审慎考量财政补贴力度》，载于《经济参考报》2016年5月10日。

[14] 黄徐会：《PPP模式下财政承受能力研究》，载于《地方财政研究》2015年第8期，第37~43页。

[15] 金培、铝铁、邓洲：《中国工业结构转型升级：进展、问题与趋势》，载于《中国工业经济》2011年第2期。

[16] 李华伟:《厦门会展业的发展对策研究》，载于《产业经济》2013年第2期。

[17] 李玉凤、谭萍:《PF2融资模式及在中国的应用前景》，载于《经济研究导刊》2015年3月，第132~133页。

[18] 刘伟、张辉:《中国经济增长中的产业结构变迁与技术进步》，载于《经济研究》2008年第11期。

[19] 卢明华，李国平，孙铁山:《东京大都市圈内各核心城市的职能分工及启示研究》，载于《地理科学》2003年第2期。

[20] 钱纳里、卢宾逊、塞尔奎因著，吴奇、王松宝译:《工业和经济增长的比较研究》，三联出版社1989年版。

[21] 日本总务省统计局:《日本统计年鉴》2012年。

[22] 唐子来:《若干发达国家和地区的城市规划体系评述》，载于《规划师》1998年第3期。

[23] 王刚、何利辉:《我国PPP项目的融资困境与对策建议》，载于《宏观经济管理》2017年1月，第75~78页。

[24] 王强:《PPP海外经验: 政府出标准，社会资本出方案》，载于《中国经济导报》2016年7月6日。

[25] 王旭:《当代美国大都市区社会问题与联邦政府政策》，载于《世界历史》2001年第3期。

[26] 王允贵:《80年代以来美国经济结构调整的经验与启示》，载于《世界经济与政治》1997年第10期。

[27] 吴喜平、米红和韩娟:《厦门市适度人口容量的测算》，载于《发展研究》2006年第10期。

[28] 吴孝灵、周晶、彭以忱:《基于公私博弈的PPP项目政府补偿机制研究》，载于《中国管理科学》2013年第21期，第198~203页。

[29] 吴艳芳:《论可信任的PPP财政承受能力论证机制》，载于《财会月刊》2017年第5期。

[30]《厦门市志》，厦门地情网地情数据库，http: //www. fzb. xm. gov. cn/dqsjk/xmsz/xmsz/。

[31] 厦门市会议展览业协会:《厦门会展业发展报告》(2009~2015年)，厦门会展网，http: //www. xmce. org/fzbg. asp。

[32] 厦门市教育局:《厦门市中长期教育改革和发展规划纲要(2010—2020年)》[EB/OB]. http: //www. xmedu. gov. cn/xxgk/jygh/jyzcqgh/201102/t20110226_1017893. htm。

[33] 厦门市教育局：《厦门职业教育发展规划2004—2010》，载于《中国职业技术教育》2005年20期，第17~35页。

[34] 厦门市人民政府办公厅：《厦门市人民政府办公厅关于推广政府和社会资本合作PPP模式试点扶持政策的意见》，2015年9月10日。

[35] 厦门市人民政府办公厅：《厦门市人民政府办公厅关于印发大力推动会展业改革创新发展实施意见的通知》，2016年2月25日。

[36] 厦门市人民政府网站，http：//m. xm. gov. cn/02/。

[37] 厦门市统计局：《厦门经济特区统计年鉴》（1980~2017年）中国统计出版社。

[38] 厦门市统计局：《厦门市2000年第五次全国人口普查主要数据公报》，2001年。

[39] 厦门市统计局：《厦门市2010年第六次全国人口普查主要数据公报》，2011年。

[40] 项光勤：《世界城市圈理论及其实践对中国城市发展的启示》，载于《世界经济与政治论坛》2004年第3期。

[41] 小官隆太郎、奥野正宽、铃村兴太郎：《日本的产业政策》，东京大学出版社1984年版。

[42] 谢守红、傅春梅：《西方大都市区的管理模式及其对我国的启示》，载于《衡阳师范学院学报》2006年第8期。

[43] 徐丹、简迎辉、郑胜强：《PPP模式下城市轨道交通的补贴机制研究》，载于《项目管理技术》2013年第10期，第76~80页。

[44] 袁中美：《养老基金投资PPP基础设施项目的国际比较及启示》，载于《当代经济管理》2016年第9期，第77~83页。

[45] 赵晔、郭子健：《省际比较视角下政府PPP基金发展现状及对策》，载于《地方财政研究》2017年第3期，第11~16页。

[46] 郑吉昌、夏晴：《现代服务业与制造业竞争力关系研究》，载于《财贸经济》2004年第9期。

[47] 中国经济增长与宏观稳定课题组：《后危机时代的中国宏观调控》，载于《理论参考》2010年第11期。

[48] 中华人民共和国教育部等．现代职业教育体系建设规划（2014—2020年）［EB/OB］．http：//www. moe. edu. cn/publicfiles/business/htmlfiles/moe/moe_630/201406/170737. html。

[49] 中投顾问产业与政策研究中心：《2016—2020年中国会展业投资分析及前景预测报告》，http：//www. docin. com/p－1534250461. html。

[50] Baumol W. J., Macroeconomics of unbalanced growth: the anatomy of urban crisis [J]. *The American Economic Review*, 1967 (57): 415 –426.

[51] C. J. Cheah, J. C. Liu, 2006, "Valuating Government Support in Infrastructure Projects as Real Options Using Monte Carlo Simulation", Construction Management and Economics, Vol. 5, 545 –554.

[52] Eurostat Press Office: Regional GDP per capita in 2009: seven capital regions in the ten first places, http://epp. eurostat. ec. europa. eu/cache/ITY_PUBLIC/1-13032012-AP/EN/1-13032012-AP-EN. PDF.

[53] Ho S P, Liu L, 2002, "An Option Pricing-Based Model for Evaluating the Financial Viability of Privatized Infrastructure Projects", Construction Management and Economics, Vol. 2, 143 –156.

[54] Mason P, Baldwin C Y, 1988, "Evaluating of Government Subsidies to large-scale projects", Advance in Futures and Options Research, Vol. 3, 169 –181.

[55] NG A, Loosemore M, 2007, "Risk Allocation in the Private Provision of Public Infrastructure", International Journal of Project Management, Vol. 25, 66 –76.

[56] Peneder M., Industrial structure and aggregate growth [J]. *Structure Change and Economic Dynamics*, 2003 (14): 427 –448.

[57] U. S. Census 2010, http://2010. census. gov/2010census/data/.

[58] "2011 Census—Population and Household Estimates for England and Wales, March 2011". Office for National Statistics, http://www. ons. gov. uk/ons/dcp171778_270487. pdf.

图书在版编目（CIP）数据

厦门市经济高质量增长热点问题研究：以深化供给侧结构改革为视角／朱若然著．—北京：经济科学出版社，2018.5
ISBN 978－7－5141－9362－6

Ⅰ.①厦…　Ⅱ.①朱…　Ⅲ.①区域经济－经济增长－研究－厦门　Ⅳ.①F127.573

中国版本图书馆 CIP 数据核字（2018）第 112501 号

责任编辑：齐伟娜　刘　颖
责任校对：隗立娜
责任印制：李　鹏

厦门市经济高质量增长热点问题研究
——以深化供给侧结构改革为视角
朱若然　著
经济科学出版社出版、发行　新华书店经销
社址：北京市海淀区阜成路甲 28 号　邮编：100142
总编部电话：010－88191217　发行部电话：010－88191540
网址：www.esp.com.cn
电子邮件：esp@esp.com.cn
天猫网店：经济科学出版社旗舰店
网址：http://jjkxcbs.tmall.com
北京季蜂印刷有限公司印装
710×1000　16 开　11.25 印张　220000 字
2018 年 5 月第 1 版　2018 年 5 月第 1 次印刷
ISBN 978－7－5141－9362－6　定价：35.00 元
（图书出现印装问题，本社负责调换。电话：010－88191502）